<그리스도인이면 꼭 알아야 할 성경 지식>

요한복음

제1권 세상 죄를 제거하는 하나님의 어린양(1-5장)

서울솔로몬학교 성경연수원

차 례

이 책에 인용된 성경 구절은 〈한글킹제임스성경〉입니다.

제1과
하나님의 아들이신 주 예수 그리스도

『우리는 주께서 그 그리스도, 곧 살아 계신 하나님의 아들이심을 믿으며 또 확신하나이다."라고 하니라』(요 6:69).

주 예수 그리스도는 어떤 분이신가?

구약에서 신약까지 성경은 모두 일관되게 주 예수 그리스도를 증거하고 있다. 『성경을 상고하라. 이는 너희가 성경에 영생이 있다고 생각함이니, 그 성경은 나에 관하여 증거하고 있음이라』(요 5:39). 성경이 증거하고 있는 주 예수 그리스도는 "만왕의 왕이시고, 만주의 주이시며, 신들 중의 신이시고, 알파와 오메가이시며, 처음과 끝이시고, 길이요, 진리요, 생명이시며, 양들의 문이시고, 생명의 양식이자, 생수이시며, 아름다운 사론의 꽃이시고, 골짜기의 백합화이시며, 우리의 구원자이시고, 우리의 가장 사랑하는 친구이신 위대한 하나님"이시다.

정치가요 시인이었던 로버트 그랜트 경은 "주님은 만유의 대왕"이라고 찬양했고, 영국의 조셉 스웨인 목사는 "주님은 나의 기쁨이요 소망이시며 구원이시고 위로이시기에, 밤낮으로 주님께 찬송을 드려도 늘 아쉬운 마음 뿐"이라고 고백했다. 마틴 루터는 "주님은 강한 성이시요, 방패와 병기이시며, 우리를 큰 고난에서 항상 구해 내시는 분"이라고 찬송했고, 다윗 왕은 "주님은 나의 반석이시요, 요새시며, 구원자이시고, 신뢰할 나의 힘이시요, 방패시며, 구원의 뿔이시고, 높은 망대"이시라고 고백했다(시 18:2). 카이사랴 빌립보에서 예수님께서 제자들에게 "너희는 나를 누구라고 말하느냐"고 물으셨을 때, 베드로는 "주는 그리스도, 곧 살아 계신 하나님의 아들"이시라는 아주 위대한 고백을 했다(마 16:16).

요한복음은 어떤 책인가?

1. A.D. 88-90년에 사도 요한이 기록한 책이다(요 21:24)

사도 요한은 그 이름이 "여호와께서는 은혜로우시다."라는 뜻이고, **"예수님께서 사랑하시던 제자"**로 불렸다(요 13:23; 21:20). 갈릴리의 어부였고, 세베대의 아들로서 열두 제자 가운데 최초로 순교한 야고보의 형제였다(마 4:18,21, 행 12:2). 요한과 야고보 이 두 형제는 "보아너게"(천둥의 아들들)라는 별명을 갖고 있었다(막 3:17). 본래 요한은 침례인 요한의 제자로서 다른 제자들보다 가장 먼저 예수님을 만났으며(요 1:35,37,40), 열두 제자들 중의 한 명이 되었다(마 10:2). 특히 **베드로 및 야고보와 함께 중심이 되는(Inner Circle) 세 제자들 중 하나였다**(막 5:37; 9:2; 14:33). 아울러 최후의 만찬에서 예수 그리스도의 품에 기대어 있었고(요 19:23), **예수님께서 십자가에 못박히셨을 때는 바로 곁에 있었던 유일한 제자였다**(요 19:25, cf. 막 14:50, 눅 23:48,49).

요한은 신약 성경에서 총 다섯 권의 책을 기록했는데, **A.D. 88-90년에 요한복음,**[1] 요한일서, 요한이서, 요한삼서를 기록했고, A.D. 91-96년에는 요한계시록을 기록했다. 특히 로마의 도미티안 황제 때 밧모 섬으로 유배되었고, 열두 제자 중에서 가장 마지막에 죽었다.

■ 새롭게 깨달았거나 적용할 내용이 있다면 적어 보세요. ■

1) 사복음서 중에서 가장 마지막에 기록되었는데, 마태복음은 A.D. 37년, 마가복음은 A.D. 57-63년, 누가복음은 A.D. 58-60년에 기록되었다.

2. 요한복음의 주제와 기록 목적(요 20:30,31)

『실로 예수께서는 그의 제자들의 면전에서 이 책에 기록되지 아니한 다른 많은 표적들을 행하셨으나, 다만 이것들을 기록한 것은 너희로 예수가 그리스도, 곧 하나님의 아들이심을 믿게 하려는 것이요, 또 믿음으로써 그의 이름을 통해 생명을 얻게 하려 함이라』(요 20:30,31).

1) 요한복음의 주제는 "**하나님의 아들이신 예수 그리스도**"이다.

사복음서		복음서의 주제	네 그룹	가지에 대한 예언
마태복음	➔	유대인의 왕	사자	왕으로서의 가지(렘 23:5,6; 33:15)
마가복음	➔	하나님의 종	황소	종으로서의 가지(슥 3:8)
누가복음	➔	인자(사람)	사람	사람으로서의 가지(슥 6:12)
요한복음	➔	하나님의 아들	독수리	하나님으로서의 가지(사 4:2)

2) 요한복음은 **죄인들로 하여금 하나님의 아들이신 예수 그리스도를 믿게 함으로써 영원한 생명을 얻게 하려고** 기록되었다(요 20:31).

3) **요한복음의 네 구분**

(1) 요한복음은 "**네 번의 유월절**"을 기준으로 내용의 시기적인 구분이 이루어지는데, 특히 예수님의 지상 생애의 마지막 부분을 집중적으로 기록하고 있다.

(2) 예수 그리스도의 갈릴리 사역은 "유대인의 왕"으로서의 특징을, 유대 및 예루살렘 사역은 "하나님의 아들"로서의 특징을 보여 주는데, 마태복음, 마가복음, 누가복음은 주로 갈릴리 사역을 다루고

있는 반면, **요한복음은 네 번의 유월절을 중심으로 하는 유대 및 예루살렘 사역을 중점적으로 다루고 있다.**

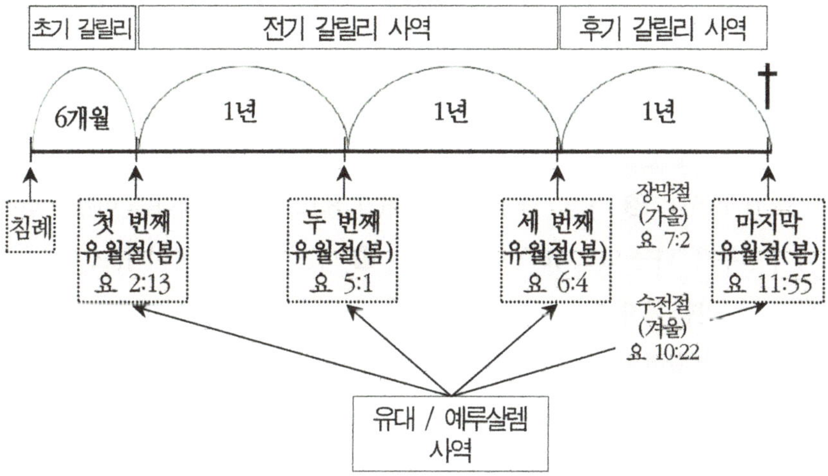

요한복음의 특징

마태복음, 마가복음, 누가복음이 사건들 자체를 다루는 반면, 요한복음은 주로 **그 사건들이 가지고 있는 의미들을 다루고 있다.** 그리고 예수님께서 어떤 분이신가에 대한 더 깊은 진리들, 특히 "**예수 그리스도의 신성**"에 대해 강조한다. 이는 하나님의 이름을 통해 확인할 수 있다. **구약에서 하나님께서는 그분의 이름을 "I AM"("나이신 분")으로 제시하셨다.** 여기서 "I AM"이란 이름은 절대 주권자이시고, 온전한 거룩함과 권세의 절대자이신 하나님께만 부여할 수 있는 이름이다.

> 『하나님께서 모세에게 말씀하시기를 "**나는 곧 나니라.**"
> [I AM THAT I AM] 하시고, 또 말씀하시기를 "너는 이스라엘

자손들에게 이같이 말할지니 '**나이신 분**[I AM]께서 나를 너희에게 보내셨다.'하라." 하시니라』(출 3:14).

그런데 신약에서 주 예수 그리스도께서는 구약에서 하나님의 이름으로 제시되었던 이 "절대적인 권위의 이름"을 취하신다. ❶ 나는 "생명의 빵"이다(요 6:35,41,48,51). ❷ 나는 "세상의 빛"이다(요 8:12; 9:5). ❸ 나는 아브라함이 나기 전부터 "나는 있느니라"(요 8:54-59). ❹ 나는 "양들의 문"이다(요 10:7,9). ❺ 나는 "선한 목자"이다(요 10:11,14). ❻ 나는 "하나님의 아들"이다(요 10:36). ❼ 나는 "부활이요 생명"이다(요 11:25). ❽ 나는 "길이요 진리요 생명"이다(요 14:6). ❾ 나는 "참 포도나무"이다(요 15:1,5). ❿ 내가 "그"니라(요 18:5,6,8, 사 41:4; 48:12, 눅 22:70, 요 4:26).

"I AM"은 일종의 "백지수표"이다. 필요한 것이 무엇이든 그 뒤에 쓰고, 요구만 하면 되는 것이다.

요한복음에서는 예수 그리스도께서 "하나님만이 하실 수 있는 이적들"을 행하신 것을 보여 줌으로써 주 예수 그리스도의 신성을 강조하고 있다. ❶ 물을 포도주로 변하게 하셨다(요 2:1-11). ❷ 한 귀족의 아들을 치유하셨다(요 4:46-54). ❸ 38년 된 병자를 치유하셨다(요 5:1-9). ❹ 5천 명을 먹이셨다(요 6:1-14). ❺ 강풍을 잠잠케 하셨다(요 6:15-21). ❻ 소경의 눈을 뜨게 하셨다(요 9:1-7). ❼ 죽은 나사로를 살리셨다(요 11:38-45).

그리고 요한복음에는 생명, 믿음, 빛과 어두움, 진리, 증거, 세상, 영광, 영접, 아버지, 영생과 같은 단어가 요한복음의 핵심 단어로 등장하고 있는 것을 볼 수 있다.

① 요한복음을 읽으라. 그러면 우리가 믿는 분이 누구이신가를 자세히 알게 된다.

② 요한복음을 읽으라. 그러면 우리가 받은 구원이 얼마나 소중한지 깨닫게 된다.

③ 요한복음을 읽으라. 그러면 복음을 전할 줄 알게 된다.

④ 요한복음을 읽으라. 그러면 성령님이 누구이신가를 알게 된다.

⑤ 요한복음을 읽으라. 그러면 기도할 줄 알게 된다.

⑥ 요한복음을 읽으라. 그러면 하나님께서 얼마나 우리를 사랑하시는지 깨닫게 된다.

⑦ 요한복음을 읽으라. 그러면 세상을 미워하고 예수 그리스도를 더 사랑하게 된다.

⑧ 요한복음을 읽으라. 그러면 헌신하고 순종하는 제자의 삶을 살 수 있게 된다.

■ 새롭게 깨달았거나 적용할 내용이 있다면 적어 보세요. ■

NOTES

제2과
성육신하신 말씀
(1:1-28)

『그 말씀이 육신이 되어 우리 가운데 거하시므로, (우리가 그의 영광을 보니, 아버지의 독생자의 영광으로) 은혜와 진리가 충만하더라』(요 1:14).

거룩하신 하나님

하나님은 거룩하시다. 하나님의 거룩하심은 세상을 향해 『**반드시 너희의 죄가 너희를 찾아낼 것**』(민 32:23)과 『**죄의 삯은 사망**』(롬 6:23)이라고 하는 분명한 대가를 지불하게 될 것이라고 경고하신다. 그런데 만일 하나님께서 이 세상의 모든 죄에 대한 책임을 세상에 돌리시고, 죄가 발견되는 그 즉시 죽게 하셨다면 아마 세상에 남이 있을 사람은 아무도 없었을 것이다. 그러나 하나님께서 본성적으로 진노의 자녀요, 불순종의 자녀로 태어난 인간을 향해 자비를 베푸시고 또 그 은혜를 나타내시기 위해 죄 없으신 창조주께서 친히 죄로 얼룩진 사람과 같은 모습으로 세상에 들어 오셨다. 이렇게 생명이신 분께서 오셔서 자신을 낮추시고 십자가의 죽음에까지 자신을 내어 주심으로써 죄인들에게 생명과 불멸을 밝히셨다.

창조주 하나님이신 예수 그리스도(1-3절)

태초부터 계신 그 『**말씀**』(Word)에 관해 요한일서 1:1에서는 『**태초부터 계셨고, 우리가 들었으며, 우리 눈으로 보았고, 주목하여 살폈으며, 우리 손으로 직접 만졌던 생명의 말씀에 관해서라. (그 생명이 나타나시매 우리가 보았고 증거하였으며 너희에게 그 영원한 생명을 보여 주었으니, 그 생명은 아버지와 함께 계셨으며 우리에게 나타나셨느니라.)**』라고 증거하고 있으며, 5:20에서는

『**또 우리가 아는 것은 하나님의 아들이 오셔서 우리에게 지각을 주셨다는 것이니, 이는 우리로 참되신 그분을 알게 하려는 것이라. 우리는 참되신 그분, 곧 그분의 아들 예수 그리스도 안에 있노라. 이분은 참 하나님이시며 영원한 생명이시니라.**』라고 증거하고 있다. 곧 태초부터 계신 『**말씀**』은 『**참 하나님**』이시며 『**영원한 생명**』이신 『**예수 그리스도**』이시다.

예수 그리스도를 『**말씀**』으로 지칭하는 이유는 그분 자신이 하나님의 "표현"이기 때문이며, 또 하나님께서 "말씀"을 통해 자신을 나타내시기 때문이다. 하나님의 창조 사역은 말씀이신 예수 그리스도를 통하여 이루어졌으며, 그 어떤 창조물도 그분 없이 만들어진 것이 없다고 분명히 말씀하신다. 창세기 1장에서 하나님께서 행하신 모든 일은 바로 주 예수 그리스도를 통하여 이루신 것이다. 이에 대해 골로새서 1:16에서는 『**이는 만물이 그에 의하여 창조되되 하늘에 있는 것들과 땅에 있는 것들과 보이는 것들과 보이지 않는 것들과 보좌들이나 주권들이나 정사들이나 권세들이나 만물이 그에 의하여 또 그를 위하여 창조되었기 때문이라.**』라고 천명한다.

생명의 빛이신 예수 그리스도(4-13절)

생명은 예수 그리스도로부터 나온다. 인간이 가진 생명은 영적인 생명이건, 생물학적인 생명이건, 그 모두가 예수 그리스도로부터 나온다. 시편 36:9은 『**이는 생명의 원천이 주와 함께 있으며 주의 빛 가운데서 우리가 빛을 볼 것임이니이다.**』라고 증거한다. 그 생명은 세상의 빛이다. 무엇이 옳고 무엇이 그른지 분별케 하는 빛이고, 아름다운 것과 추한 것을 보여 주고, 가려져 있던 영적 실체를 환하게 밝혀 드러내게 만드는 빛이다. 또한 모든 더러운 죄들을 낱낱이 드러내는 빛이며, 모든 죄인에게 길을 제시하고, 생명을 주는 진리의 빛이다.

예수 그리스도께서 2천 년 전 이 세상에 오심으로서 이 세상에 그 빛이 비치기 시작해 어두움을 비춰 왔고, 지금 이 순간에도 어두움을 비추고 있으나 사람들은 그 빛을 보고 깨닫지도 못하고, 또 보더라도 애써 그 빛을 미워하고 피한다. 왜냐면 그들은 악을 사랑하기 때문이다. 그리고 자신들의 죄가 드러나기를 원치 않기 때문이다. **『이것이 정죄라. 즉 빛이 세상에 왔으나 사람들이 빛보다는 오히려 어두움을 더 사랑하니 이는 그들의 행위가 악하기 때문이라. 악을 행하는 자는 누구나 빛을 미워하며 빛으로 오지 아니하나니, 혹 자기의 행위가 책망받을까 함이라』**(3:19,20). 하지만 누구든지 그 빛으로 나아오면 **『하나님의 아들들이 되는 권세』**(12절)를 받게 된다.

예수 그리스도께서 죄인들을 위해 대신 치르신 죗값은 완전하고, 영원히 유효하다. 만약 어떤 죄인이 예수 그리스도를 구세주로 신뢰했다면 그 사람은 "하나님의 아들"의 신분이 영원히 보장되는 것이다. 이것은 단지 영적 지위가 변하는 것만을 말하지 않는다. 삼위일체의 한 위격이시며 우리를 위해 죽으시고 부활하신 예수 그리스도와 같은 몸을 입게 되는 것이다. **『보라, 아버지께서 어떠한 사랑을 우리에게 주셔서 우리로 하나님의 아들들이라 불리게 하셨는가, 그러므로 세상이 우리를 알지 못하나니, 이는 세상이 그분을 알지 못했기 때문이라. 사랑하는 자들아, 이제는 우리가 하나님의 아들들이라. 우리가 어떻게 될 것인지는 아직 나타나지 아니하였으나 그가 나타나시면 우리가 그와 같이 되리라는 것을 아노니, 이는 우리가 그분 그대로 그분을 볼 것이기 때문이라.』**(요일 3:1,2).

성육신하신 말씀이신 예수 그리스도(14-18절)

육신이 되어 우리 가운데 거하시는 그 **『말씀』**인 **『예수 그리스도』**와 "기록된 하나님의 말씀"은 서로 공통점이 많다. 첫째는 예수 그리스도와 성경은 모두

두 가지 본성을 동시에 공유하고 있다는 것이다. 예수 그리스도께서는 "인자"로서 인간의 본성을 갖고 계시며 그것이 성경으로 나타난다. 또 한편 그분께서 갖고 계신 하나님으로서의 본성이 성령을 통해 나타나는데 그것이 하나님의 영감으로 주어진 성경을 통해 나타난다. 둘째는 예수 그리스도와 성경은 모두 사랑과 증오를 동시에 받는다. 셋째는 예수 그리스도께서 영원히 사시는 것처럼 성경도 영원히 존속한다. 『**하늘과 땅은 없어져도 내 말들은 결코 없어지지 아니하리라**』(막 13:31). 마지막으로는 예수 그리스도와 말씀이 모두 마지막 날에 심판을 한다는 사실이다. 『**나를 거절하고 내 말들을 받아들이지 아니하는 자는 그를 심판할 이가 있으니, 곧 내가 말한 그 말이 그를 마지막 날에 심판하리라**』(요 12:48).

모세를 통해 주어진 율법은 진리이긴 하되 그 자체로 완성된 온전한 진리는 아니었다. 단지 온전한 진리의 서곡이었다. 온전하고도 최종적인 진리는 주 예수 그리스도를 통해 비로소 이 세상에 들어왔다(1:17). 또한 하나님의 은혜는 창세기 2장부터 요한계시록 22장까지 각 경륜, 각 세대에 걸쳐 주어졌지만, 그 은혜의 충만하심 역시 예수 그리스도께서 이 세상에 오심으로써 온전히 드러났다(1:16).

하나님께서 예수 그리스도께 주신 은혜는 "충만한" 은혜이다. 모든 곳에 가득 차 있을 뿐만 아니라 아무리 쓰고 또 써도 조금도 줄어들지 않는다. 그리고 이 모든 것을 부분적으로 나누어 주시는 것이 아니라 그 전부를 온전한 상태로 주신다. 이 은혜는 구원에만 한정되지 않는 광범위한 은혜이다. 『**은혜 위에 은혜니라.**』라는 말씀은 하나님께서 예수 그리스도께 주신 그 모든 충만한 은혜를 거듭난 그리스도인들이 소유하게 하셨다는 것이다. 그렇기에 우리가 해야 할 일은 부지런히 그 은혜의 보좌 앞으로 나아가는 것이다. 『**그러므로 우리가 은혜의 보좌로 담대히 나아가자. 이는 우리가 자비를 얻고 필요한 때에 도우시는 은혜를 발견하기 위함이라**』(히 4:16).

침례인 요한(19-28절)

일찍이 선지자 이사야는 메시아이신 주 예수 그리스도에 앞서서 위대한 선지자가 나타날 것임을 예언했다(23절, 사 40:3). 그리고 광야에서 외치는 자의 음성으로써 침례인 요한이 예수 그리스도를 증거했다(15절). 백성들은 그를 선지자로 분명히 알았다. 어떤 사람들은 요한을 '그리스도가 아닌가'하고 오해하기도 했으나 요한은 아니라고 분명하게 말했다. 침례인 요한의 임무는 예수 그리스도보다 먼저 와서 그분의 길을 예비하는 것이었다. 그는 백성들에게 죄에서 의로 돌이키라고 설교했으며(눅 3:7-18), 또 침례를 주었다. 이에 죄에서 돌이키겠다고 결심한 사람들은 침례를 받음으로써 그 결의를 굳게 했다. 그는 위대한 사역자임에도 불구하고 조금도 자신을 내세우지 않았다. 다만 이제 곧 오실 예수 그리스도를 증거하면서 그분을 높여 드리며 백성들이 그분을 맞아들일 수 있도록 준비하는 데에만 몰두하고 있었다. 그에 반해 침례인 요한에게 네가 누구냐고 추궁했던 자들은 모두가 그 당시의 종교 지도자들로서 종교적으로 존경받는 자들이었다. 당시 종교 지도자들의 손에는 이미 선지자의 예언들이 상세하게 기록된 성경이 있었으나 그들은 하나님의 말씀에는 관심이 없었고, 영적으로도 무지하여 시대의 표적을 보고도 아무것도 깨닫지 못하는 영적 소경들이었다.

■ 새롭게 깨달았거나 적용할 내용이 있다면 적어 보세요. ■

NOTES

NOTES

제3과

세상 죄를 제거하는 하나님의 어린양(1:29-51)

『그 다음 날 요한이 예수께서 자기에게 오시는 것을 보고 말하기를 "보라, 세상 죄를 제거하는 하나님의 어린양이라』(요 1:29).

"하라"와 "이미 해 놓았다"

만약 당신이 영원하신 하나님을 거슬러 죄를 범할 때, 당신의 죄를 위한 영원한 속죄 제물이 필요하다고 생각해 본 적 없는가? 어떤 사람은 간음, 도둑질, 과장, 탐식, 참지 못함, 거짓말 등, 단지 인간이 이 세상을 살면서 지은 몇 가지 죄들 때문에 하나님께서 인간을 영원한 지옥으로 보내시지는 않을 것이라고 말한다. 과연 그런가? 죄를 지은 당신을 지옥에 보낼 것인가 말 것인가는 당신이 거슬러 죄를 짓는 분의 마음에 달려 있다. 만약 당신이 영원히 사시는 어떤 분을 거슬러 죄를 지었다면, 그 죄에 대한 대가도 영원한 것이어야 한다. 당신은 당신 스스로가 그 대가를 지불할 수 있으리라고 생각하는가? 그렇지 않다면 하나님께서 당신을 위해서 해 놓으신 일을 받아들이라. 이 세상에는 "하라"와 "이미 해 놓았다"를 말하는 두 종교가 있다. "하라"에 해당하는 것은 스스로의 힘으로 하늘나라에 가도록 의식과 율법을 지키고, 산상수훈을 지키고, 교회에 나가고, 헌금을 내고, 종교 생활을 열심히 하고, 세례를 받는 등 스스로의 모든 힘을 쓰라는 식이다. 반면에 "이미 해 놓았다"는 것은 그리스도께서 여러분을 구원하기 위해서 행하신 일에 근거해서 "쉬라"는 것이다. 당신은 어떤 것을 받아들이겠는가!

■ 새롭게 깨달았거나 적용할 내용이 있다면 적어 보세요. ■

세상 죄를 제거하는 하나님의 어린양(29-34절)

성경 전체를 통해 희생제물로써 예수 그리스도를 예표하는 "어린양"은 개인적인 희생제물에서 인류 전체를 위한 희생제물까지, 그리고 종국에는 천사들의 찬양을 받으시는 가운데 영광의 보좌에 앉아 계실 어린양으로까지 그 모습이 순차적으로 전개되고 있다(아벨의 제물(창 4:4)과 아브라함의 제물(창 22:8), 유월절 어린양(출 12:5-7), 이스라엘 민족 전체를 위한 희생제물(레위기 16장), 인류 전체를 위한 희생제물(요 1:29), 영광 중에 계신 어린양(계 5:12; 22:1).

우선, 구약에서는 어린양이 죄인들의 죄를 대신해 희생제물로 드려졌다. 죄인들에게 내려질 하나님의 형벌이 어린양으로 옮겨간 것이다. 이로써 죄인들의 죄가 용서되었다. 구약의 희생제물이 죄인을 대신해 죽임당했던 것처럼 예수 그리스도께서 인류의 모든 죄들을 담당하시고 죽임을 당하셨다. 하나님께서 인간의 죄를 제거할 수 있는 유일한 희생제물, 그 어린양이 되신 것이다. 이로써 하나님의 진노는 죄인들에게서 예수 그리스도께로 옮겨져 처리되었다. 이 사실을 믿는 사람은 누구라도 죄가 제거된다.

또한 예수 그리스도는 개인의 죄들뿐만 아니라 하나님을 믿지 않고 하나님을 거부하며 하나님을 대적하는 세상의 죄, 즉 본성적으로 타고난 인간의 죄성을 제거하기 위해 피를 흘리셨다. **『하물며 영원하신 성령을 통하여 흠 없는 자신을 하나님께 드린 그리스도의 피가 어찌 죽은 행실에서 너희 양심을 정결케 하여 살아 계신 하나님을 섬기게 하지 못하겠느냐?』**(히 9:14)

침례인 요한은 성령께서 그 위에 머무시는 것을 보고 예수 그리스도께서 하나님의 아들이라고 증거했다. 성령이 내려와 그 위에 머문다는 것은 성령께서 그분께 내려오셨다가 다시 떠나시기도 하는 그런 상태를 나타내는 것이 아니라, 늘 그분과 함께 거하신다는 것을 나타낸다. 이것은 하나님이신 예수 그리스도의 신성을 나타내며, 또한 아버지 하나님과의 지속적인 교제를 나타내기도 한다. 예수 그리스도께서는 아버지 하나님과 이러한 관계를 항시적으로 유지하신다. 『**너는 내가 아버지 안에 있고 또 아버지께서 내 안에 계시는 것을 믿지 아니하느냐? 내가 너희에게 하는 말들은 내 스스로 하는 것이 아니라 내 안에 거하시는 아버지께서 그 일들을 하시는 것이라. 내가 아버지 안에 있고 또 아버지께서 내 안에 계시는 것을 믿으라. 그리하지 못하겠거든 행한 그 일들을 보고 나를 믿으라**』(14:10,11). 성령께서 함께 거하시는 것은 거듭나고 하나님의 자녀가 된 성도들도 마찬가지이다. 『**또 내가 아버지께 기도하겠고, 그분께서 또 다른 위로자를 너희에게 주시리니 그가 너희와 함께 영원히 거하시리라. 진리의 영인 그를 세상은 영접할 수 없으니 이는 세상이 그를 보지도 못하며 또한 알지 못하기 때문이라. 그러나 너희는 그를 아나니 이는 그가 너희와 함께 거하시며 또 너희 안에 계실 것임이라**』(14:16,17).

예수 그리스도를 만난 사람들(35-51절)

스승인 요한이 예수 그리스도를 가리켜 『**보라, 하나님의 어린양이라**』라고 일깨워 주자 두 제자는 그 길로 예수 그리스도를 따라갔다. 그들은 약속된 메시아가 오시기를 애타게 기다렸던 사람들이다. 그런데 그분께서 지금 자신들의 눈앞에 서 계신 것이다. 하나님의 아들이신 분, 자신을 희생제물로 내어 주실 그분, 바로 그 하나님의 어린양, 태초부터 계셨고, 하나님과 함께 계셨으며, 바로 하나님이신 그분, 만물이 그에 의하여 지어졌고, 그분 안에 생명이 있으며, 사람들의 빛이신 그분을 자신들의 눈으로 직접 보고 손으로 직접 만져 볼 수 있게 된 것이다. 그들은 "너희가 무엇을 찾느냐"라고 물으시는 주님의 질문에 우리가 찾고 있던 당신을 찾았으니 우리를 데려가 달라고 대답했다. 『"**랍비여, (랍비는 해석하**

면 선생이라.) 어디에 거하시나이까?"』(38절)

예수님을 따라갔던 두 사람 중 한 명은 안드레였는데 돌아와 맨 먼저 자기 형제 시몬 베드로에게 『**우리가 메시아를 만났다.**』라고 예수 그리스도를 전했다. 이로써 예수님과 베드로의 역사적인 만남이 이루어지게 되었다. 이후 베드로는 으뜸가는 제자들 중 하나가 되어 주님을 위해 많은 일을 했다. 이처럼 우리도 우리가 구령하는 사람이 장차 하나님의 큰 일꾼이 될 수도 있다는 사실을 잊지 말고 한 사람, 한 사람의 혼을 소중히 여겨야 한다.

베드로는 "그리스도를 만났다"라는 자기 형제 안드레의 말을 듣고는 예수 그리스도께로 나가기를 주저하지 않았다. 예수님께서 맨 처음 제자로 부르신 것은 직업 어부였던 네 사람 곧 야고보, 요한, 안드레, 베드로였는데 이들은 주께서 부르실 때 즉시로 따라나섰다(마 4:18-22).

빌립은 『**나를 따라오라.**』라는 예수님의 말씀에 두말없이 응했을 뿐 아니라 나다나엘에게 『**모세가 율법에 기록했고, 또 선지자들이 기록한 그 사람**』이라고 성경적 근거를 대며 예수 그리스도를 전파했다.

예수님께서는 나다나엘을 아셨다. "간사함이 없다"는 것은 교활하거나 사기성이 없고 정직하고 선량하다는 뜻이다. 이런 사람은 하나님의 말씀에 귀를 기울여 그것을 받아들일 소지가 있는 사람이다. 『**씨가 좋은 땅에 떨어졌다는 것은 정직하고 선한 마음으로 말씀을 듣고 지켜서 인내로 열매를 맺는 자들이라**』(눅 8:15). 주님께서는 나다나엘에게 『**"빌립이 너를 부르기 전 네가 무화과나무 아래에 있었을 때 내가 너를 보았노라."**』라고 대답하셨다. 예수 그리스도의 전지하심을 알려주신 것이다. 여기서 반드시 기억해야 할 사실은 당신이 구원받았든지, 구원받지 못했든지 간에, 어디에서 무엇을 하든지 간에, 당신이 그것을 눈치채든 못하든지 간에, 하나님께서는 한시도 당신에게서 눈을 떼지 않으신다는 사실이다.

나다나엘은 전에 한 번도 만나 본 적 없는 분이 자기에 대해 모든 것을 알고 계신다는 사실을 알고 그분의 신성을 깨닫게 되었다. 그래서 그분을 하나님의 아들이라고 고백한 것이다. 하나님의 아들이라면 또 이스라엘의 왕이시다. 구약에서 예언된 메시아는 단순한 인간 왕이 아니라, 하나님이신 왕이기 때문이다. 『**"랍비여, 주는 하나님의 아들이시요, 주는 이스라엘의 왕이시니이다."**』

■ 새롭게 깨달았거나 적용할 내용이 있다면 적어 보세요. ■

NOTES

NOTES

제4과
카나의 혼인식에서 일어난 기적(2장)

『예수께서 기적들 가운데 이 처음 기적을 갈릴리 카나에서 행하시고 자기의 영광을 나타내시니 그의 제자들이 그를 믿더라』(요 2:11).

예수 그리스도의 피와 거듭남의 중요성

"인간의 행위를 강조하는 종교는 결코 인간을 구원시킬 수 없다. 예수 그리스도의 피가 흘려지지 않고서는 어떤 인간도 죄를 용서받을 수 없으며, 거듭나지 않고서는 결코 하나님의 나라에 들어갈 수 없다!

깊은 구덩이에 빠진 어떤 사람이 큰 소리로 도움을 요청하고 있었다. 그때 지나가던 영국 성공회 신부가 내려다보면서 "그곳에서 나오고 싶나요? 그렇다면 십계명과 황금률을 지키세요. 그러면 나올 수 있을 겁니다."라고 말했다. 물론 그것은 아무런 효력이 없었다. 얼마 후 불교의 중이 지나가자 구덩이에 갇힌 사람이 큰 소리로 "도와주세요!"라고 외쳤다. 그러자 중이 말했다. "저는 당신을 도울 수 없어요. 오직 당신 자신만이 스스로를 도울 수 있답니다. 양반다리를 하고 가부좌를 틀고 앉아 당신 자신과 구덩이가 하나가 될 때까지 명상해 보세요." 그것 역시 구덩이를 나오는 데는 아무런 소용이 없었다. 또한 로마카톨릭 사제가 지나가다가 구덩이에 빠져 있는 사람을 발견하고는 이렇게 말했다. "그리스도께서 세우신 성당을 찾아가서 이름을 등록하고 성사들을 받으세요. 그러면 구덩이에서 나올 수 있을 겁니다." "하지만 성당을 가려면 이 구덩이에서 먼저 나가야 하는데요." 그러자 그 사제는 "아, 그렇군요. 그래도 한번 노력해 보세요."라고 말하면서 떠나 버렸다. 이제 그 사람은 아무런 소망도 없이 구덩이 안에서 죽어가고 있었다. 바로 그때 마지막 한 사람이 지나가게 된다. "당신은 정말로 거기에서 나오고 싶은가요?" "네, 정말입니다! 지금 못 나가면 이제 곧 죽을 겁니다." 그러자 그 사람은 구덩이 안쪽으로 손을 뻗으면서 이렇게 말했다. "내 손을 잡아요, 그러면 꺼내 주겠습니다." 드디어 그는 구덩이에서 빠져나올 수 있었다.

자, 이처럼 우리를 지옥의 불구덩이에서 꺼내 주신 분은 주 예수 그리스도이시다(시 40:1,2). 예수님께서는 우리가 직접 구덩이에서 빠져나오는 법을 말씀하시지 않았다. 친히 내려오셔서 직접 우리를 꺼내 주신 것이다!

카나의 혼인식에서 행하신 첫 번째 기적(2:1-11)

예수님께서는 물을 포도주로 바꾸신 기적을 "셋째 날"에 행하셨다(1절). 이는 예수 그리스도께서 십자가에 죽으신 지 "셋째 날에 부활"하셨음을 예표한다. 마리아가 포도주가 떨어졌음을 예수님께 말했을 때(3절), 예수님께서는 곧바로 이적을 베풀지 않으셨다. 예수님의 말씀에 따르면 그 이유는 무엇인가?(4절)

부활은 죽음을 전제로 한다. 이 사건의 핵심은 "포도주"에 있다. 성경에서 포도주는 피를 상징한다. 마리아가 포도주를 요청했을 때, 그것은 "상징적으로"(예표적으로) "예수 그리스도의 피"를 요청한 것이다. 그래서 주님께서는 아직 그 피를 흘리시고 죽으셔야 할 때가 되지 않았기 때문에 『나의 때가 아직 이르지 아니하였나이다.』라고 대답하신 것이다. 여기에서 "나의 때"는 십자가에서 죽으시는 때를 가리킨다. 그러나 비록 아직은 아니어도 예수 그리스도께서는 결국 죽으실 것이기 때문에, 그 사건을 예표하는 기적을 행해 주셨으니, 곧 물을 포도주로 만들어 주신 것이다.

5-7절에서는 예수 그리스도께서 포도주를 만드신 과정이 나온다. ❶ 먼저 예수님께서는 종들에게 통을 "물"로 채우라고 지시하셨다(7절). "물"은 "**하나님의 말씀**"을 상징하는데(엡 5:26), 이는 구원이 하나님의 말씀에서 비롯된다는 사실을 보여 준다. 『**그러므로 믿음은 들음에서 나오며 들음은 하나님의 말씀에 의해서니라**』(롬 10:17). ❷ 예수님께서는 직접 통에 물을 담으신 것이 아니라 **종들을 사용하셨다**. 예수님께서는 종들을 통해 사역하신다. 물통에 물을 부은 것은 종들이었다. **즉 종들이 말씀(물)을 전파해야 하는 것이다**. 그래야 예수 그리스도의 보혈로 인한 구원이 죄인들에게 주어질 수 있다. **나는 죄인들의 빈 통(공허한 마음)에 물을 채울(말씀을 전할) 종으로 헌신했는가?**

예수님께서 만들어 주신 포도주는 그 이전의 포도주보다 맛이 월등히 좋았다(10절). 이는 "예수님의 피"가 다른 모든 것들의 피보다 월등하다는 것을 보여 준다. **먼저 구약에서 희생제물로 드려진 동물의 피보다 월등하다**. "동물의 피"로는 죄가 용서되었어도 죄인들을 온전하게 하거나 죄를 제거하여 온전한 구속을 이룰 수 없었다(히 9:9; 10:1). **그러나 예수 그리스도께서는 한 번의 속죄제를 영원히 드리심으로써(히 10:12) 영원한 구속을 이루셨다(히 9:12). 뿐만 아니라 양심까지도 정결하게 해 주었다**(히 9:14; 10:22). 그런데 성경에는 "두 종류의 피"가 제시된다. 먼저 "**죄인들의 피**"는 죄로 인해 저주받은 피로서 "발효된 포도주"(술)가 이 피를 상징한다(신 32:32,33). 그리고 "**예수 그리스도의 피**"는 "하나님의 피"(행 20:28)로서 순수하고(신 32:14) 깨끗하여 인류의 죄를 용서하고 제거하고 구속해 주는 피이다. 따라서 발효되지 않은 포도즙, 곧 "새 포도주"(New Wine)가 이 피를 상징한다.

한 통에 약 70리터에서 100리터를 담을 수 있는 『**돌로 된 물통이 여섯 개**』(6절)가 있었으므로 약 420리터에서 600리터의 물이 그 안에 들어 있었다. 만일 예수님께서 물로 만드신 포도주가 "발효된 포도주"(술)였다면, 이것은 한 군대를 취하게 할 수 있는 양이다(레 10:9,10, 합 2:15). 진리를 직시하라! 만일 예수 그리스도께서 발효된 술을 만드셨다면 주님께서는 율법을 위반하신 것이 된다. 하지만 이것은 발효된 포도주가 아니었으며 초자연적인 포도주였다. 주님께서는 포도주와 연관하여 십자가에서의 죽으심에 대해 말씀하시는데(4절), 성경은 포도나무의 『**포도송이에 새 포도주**』(사 65:8, 마 26:29)를 가진 포도가 열렸다고 말씀한다. 성경에서 포도주는 일차적으로 포도즙을 말하는데(첫 언급의 법칙, 창 40:9-11), 성경은 이것을 가리켜 『**순수한 피**』라고 부른다(신 32:14). 예수님께서 카나의 혼인식에서 만드신 포도주는 결코 발효된 술이 아니다!

성전을 깨끗하게 하신 예수 그리스도(2:12-25)

예수님께서 유월절에 성전을 깨끗하게 하신 일, 즉 성전에서 장사하는 사람들을 내어 쫓으신 일은(14,15절) 예수님의 전체 사역에서 두 번 있었다. 한 번은 여기에서 또 다른 한 번은 마태복음 21장에서, 곧 죽으시기 직전에 행하셨다. 여기에서의 사건은 예수 그리스도의 사역 초기에 있었던 일이다.

예수님께서는 성전을 "**내 아버지의 집**," 곧 "**하나님의 집**"이라고 말씀하신다(16절).

구약에서 성전은 하나님의 집이었다. 하나님께서는 그분의 영광을 성전에 두셨다. 그러므로 성전은 매우 거룩한 곳이다. 또한 성전은 제물을 드리는 곳이었는데, 각 사람들은 동물들을 준비하여 성전에서 제사를 드린다. 그런데 이 성전이 시장터가 되어 버린 것이다(16절).

예수님께서는 "**성전을 위한 열성**"을 갖고 계셨다(17절). 『**주의 전을 위한 열성이 나를 삼켰으며 주를 비방하는 자들의 비방이 내게 떨어졌나이다**』(시 69:9). 구약 시대에는 성전이 모든 종교 생활의 중심이었다. 모든 경배는 성전에서 이루어졌고, 하나님의 복은 성전을 통해 백성들에게 전달되었다. 만약 경배를 드릴 수 없는 상황이 오게 되면 그것은 저주이다. **이처럼 그리스도인의 모든 삶의 중심은 온전한 경배가 되어야 한다.**

예수 그리스도께서는 "**성전을 헐면 3일 만에 다시 일으키시겠다는 표적**"을 제시하셨다(19절). 여기에서 성전은 "예수님의 몸"을 가리킨다. 따라서 『**이 성전을 헐라.**』는 말씀은 "너희가 나를 죽일 것이다."라는 말씀이고, 『**내가 삼 일 만에 이것을 다시 일으키리라.**』라는 말씀은 "나는 3일 만에 부활할 것이다." 라는 말씀이다. 물론 이 말을 들은 자들은 이 말의 의미를 몰랐다. 후에 예수님께서 죽으시고 부활하신 뒤에야 제자들이 이 말씀을 기억하고 그 말뜻을 알았을 뿐이다(21,22절).

예수님의 몸은 왜 성전인가? 왜냐하면 예수님 안에 신격의 모든 충만함이 거하기 때문이다(골 2:9). 예수님께서는 하나님의 "아들"로 오셨지만, 구약의 "여호와 하나님 자신"이 육신으로 오신 분이시며, 또한 그분 안에는 "성령"께서 계신다. 즉 하나님의 모든 것이 충만히 거하시니 그분이야말로 성전 그 자체이신 것이다.

그렇다면 현 교회 시대에는 무엇이 성전인가? 구약 시대처럼 교회 건물은 성전이 아니다. 지금은 "그리스도인의 몸"이 성전이다(고전 6:19). 왜냐하면

우리 안에 성령님께서 거하시기 때문이다. **예수님께서는 하나님의 성전에 열성을 보이셨다. 우리는 성전(우리 몸)에 열성을 보이는가?** 어떻게 하는 것이 우리 몸(성전)을 소중히 하는 것인가? 건강을 유지하는 것도 소중히 하는 것이다. 하지만 더 중요한 것은 우리의 몸이 죄에 연루되지 않게 하는 것이다. 헌신하고 성별을 유지하는 것, 내 안에 계신 성령님께서 충만하게 거하시도록 주님께 나 자신을 드리는 것, 이것이 바로 "나"라는 성전에 열성을 보이는 행동인 것이다.

■ 새롭게 깨달았거나 적용할 내용이 있다면 적어 보세요. ■

NOTES

제5과
죄인이 거듭나야 하는 이유(3장)

『예수께서 대답하시기를 "진실로 진실로 내가 너에게 말하노니, 사람이 물과 성령으로 태어나지 아니하면 하나님의 나라에 들어갈 수 없느니라. 육신으로 난 것은 육이요, 또 성령으로 난 것은 영이니라』(요 3:5,6).

"거듭남"이란 무엇인가?

"**거듭남**"(Born Again)이란, "**다시 태어나는 것**," 곧 "**새로운 출생**"을 의미한다. **인간은 "몸," "혼," "영"으로 구성된 삼중적인 존재인데, 이 중에서 무엇이 다시 태어난다는 것인가?** 우리의 "몸"인가? 구원받은 우리가 장차 휴거될 때, 곧 우리의 "몸"이 예수 그리스도의 부활한 몸처럼 변화될(몸의 구속) 때까지는 "몸"이 다시 태어날 수는 없다.

그렇다면 우리의 "혼"인가? 그렇지 않다! "혼"이 다시 태어나려면 죽어 있었어야 하는데, 우리의 "혼"은 처음 태어날 때 죽어 있지 않았다. 물론 우리는 예수 그리스도를 믿었을 때 구원을 받았다. "혼"이 구원받는다고 말하지 "혼"이 거듭난다는 말은 성경 어디에도 없다. "혼"이 구원을 받았다는 것은 "마귀의 진영"에서 "하나님의 진영"으로 넘어왔다는 것을(골 1:13,14) 의미한다. 더 나아가서는 죽어서 지옥에 가지 않고 하늘나라에 간다는 것을 뜻한다. 더 나아가서는 영원한 불못에 들어가지 않는 것을 의미한다. "혼"이 영원한 불못에 들어가는 것을 "둘째 사망"(계 21:8)이라고 말씀하는데, 구원받은 성도의 "혼"이 그 둘째 사망에서 구원받은 것이다.

그렇다면 무엇이 다시 태어난다는 것인가? 바로 "혼"이 구원받은 우리의 "영"이다. 우리의 "영"은 처음 태어날 때부터 "죽은 상태"로 태어났다. 죄와 허물 가운데 죽은 채로 태어난 것이다. 그렇게 죽어 있던 영이 예수 그리스도를 구주로 믿었을 때 "거듭나게" 되었다. 그렇게 새롭게 태어나는 순간 그 성도는 "갓난아기"로 불리게 된다(벧전 2:2).

"거듭남" : 하나님의 나라에 들어가기 위한 조건(1-8절)

"거듭남"은 신약에서 매우 중요한 교리이다! 초림 당시 "최고의 석학"이었던 "니코데모"는 하나님의 율법에 정통하다고 자부하던 "바리새인"(1절)이요, "유대인의 관원"(1절)이자, "이스라엘의 선생"(10절)이었음에도 불구하고 "거듭남"이 무엇인지 몰랐다. 예수 그리스도께서는 유대인들의 눈을 의식해서 "밤"에 몰래 찾아온(2절) 산헤드린 공회의 "핵심 인사"에게 그가 손님이라 해서 정중하게 예의를 갖춰 대접하지 않으셨고, 다만 "하나님의 아들로서의 권세"(요 5:27; 17:2)를 가지고 곧바로 문제의 본질인 "거듭남"에 관한 진리를 말씀하셨다. 『**진실로 진실로 내가 너에게 말하노니, 사람이 거듭나지 아니하면 하나님의 나라를 볼 수 없느니라**』(3절). 이 말씀은 "종교적 지식인들"(2절)의 양심을 꿰뚫는 강력한 메시지였다. 왜냐하면 머리로만 "아는 것"(2절 - 『**우리는 당신이 하나님께로부터 오신 선생이신 줄을 아나이다.**』)은 아무것도 변화시키지 못하고, 마음으로 믿어서 거듭나지 않으면 "지옥행"이기 때문이다. 하나님의 나라에 들어가지도 못하고(5절), 하나님의 나라를 보지도 못하는(3절) 것이다.[2)]

하지만 이 말씀의 의미를 제대로 이해하지 못한 니코데모는 "거듭남"을 어머니의 태에서 태어나는 "육신적인 출생"을 "두 번 경험해야 하는 것"으로 오해했다(4절). 그러자 예수님께서는 그의 무지에 따른 오해를 이렇게 바로잡아 주셨다. 『**진실로 진실로 내가 너에게 말하노니, 사람이 물과 성령으로 태어나지 아니하면 하나님의 나라에 들어갈 수 없느니라. 육신으로 난 것은 육이요, 또 성령으로 난 것은 영이니라**』(5,6절). "거듭나는 것"(born again, 3절)은 "다시(두

---

2) 본래 "하나님의 나라"는 교회 시대에 구원받고 거듭난 그리스도인들이 들어가서 누리게 되는 "영적인 나라"(롬 14:17)로서 "눈에 보이지 않는"(눅 17:20) "내적인 나라"(눅 17:21)이지만, 예수 그리스도의 재림 때 이 땅에 세워질 "천년왕국"에서는 물리적인 왕국인 천국을 통해 눈으로 볼 수 있게 된다(막 9:1, 요 3:3).

번) 태어나는 것"을 의미하는데, 한 번은 "물로 태어나는 것"이고, 다른 한 번은 "성령"으로 태어나는 것이다. "물로 태어나는 것"은 "물 침례(또는 세례)"나 "말씀의 물"(엡 5:26)이 아니고, "**육신적인 출생**"(4절 - 『**어머니의 태**』), 곧 "첫 번째 출생"을 의미한다(5절 a - 『**육신으로 난 것은 육이요**』 cf. 창 1:20, 욥 38:8, 잠 5:16,17, 사 48:1). 반면에 성령으로 태어나는 것은 "**영적인 출생**," 곧 "두 번째 출생"이다(5절 b - 『**성령으로 난 것은 영이니라**』(요 3:6). 이렇듯 "거듭나는 것"은 구원받을 때 "죽어 있던 영이 다시 살아나는 것"을 의미한다.

"거듭나게" 되면 전에는 "마귀의 자녀"로 태어났던 죄인이 "하나님의 자녀"로 다시 태어나게 된다. 이렇게 "거듭나야만" 하나님의 나라에 들어갈 수 있다. 사실 구약 성도들은 죄를 용서받고 구원을 받았어도 "거듭남"을 경험하지는 못했다. "거듭남," 곧 "중생"(regeneration, 딛 3:5)은 성령 하나님에 의해 "옛 사람" 안에 "새 사람"이 창조되는 것(갈 6:15, 고후 5:17 - 『**새로운 피조물**』)을 의미하기 때문이다.

한편 이렇게 "거듭나는 현상"은 마치 "바람"(성령 하나님)이 "임의로 불어서" (성령님께서는 사람의 마음대로 역사하시는 분이 아님) "그 소리를 들어도"(성령님께서 역사하실 때의 느낌) "어디서 와서 어디로 가는지 알지 못하는 것"과 같다(8절).

영원한 생명을 얻는 길(9-21절)

"거듭남"에 관한 진리를 들은 니코데모는 『**어떻게 이런 일들이**』(9절), 곧 "어떻게 이런 거듭남의 역사"가 일어날 수 있는지 물었고, 예수님께서는 『**너는 이스라엘의 선생이면서 이런 일들도 모르느냐?**』(10절)라고 질책하시면서 다음과 같이 대답하셨다.

1. 예수 그리스도께서 하나님이심을 믿어야 한다(11-13절).

『진실로 진실로 내가 너에게 말하노니, 우리는 아는 것을 말하고 또 본 것을 증거하노라. 그래도 너희는 우리의 증거를 받아들이지 아니하는도다』(11절). 이것은 니코데모가 『**우리**[바리새인(1절)]**는... 아나이다.**』(2절)라고 말한 것에 대응하여 하신 말씀으로써, "우리"는 예수 그리스도 그분 자신을 포함한 "삼위일체 하나님"을 가리킨다(cf. 창 1:26,27). 특히 아버지 하나님과 아들이신 자신을 하나로 언급하시면서 자신이 하나님이심을 밝히셨다. 그러시면서 "하나님의 증거"를 받아들이지 않는(11절) 바리새인들이 "『**땅의 일들**』(물로 태어나는 것이 육신적인 출생을 의미한다는 사실)에 대해서도 믿지 않는데, 하물며 『**하늘의 일들**』(성령 하나님을 통해 거듭나는 영적인 출생)을 어떻게 믿겠느냐?"(12절)라고 반문하셨다.

또한 예수님께서는 『**하늘에서 내려온 이, 곧 하늘에 있는 인자 외에는 아무도 하늘에 올라간 자가 없느니라.**』(13절)라고 말씀하셨는데, 말하자면 자신이 "하늘에서 내려오셨고"(과거 시제), 그 결과 지금 이 땅에 계심과 동시에 "하늘에도 계시며"(현재 시제), 또 "하늘에 올라가셨다"(현재완료 시제)고 말씀하심으로써 시공간을 초월하여 언제 어디에서나 계실 수 있는 "하나님의 속성"을 분명하게 나타내 보이셨다. 예수 그리스도께서는 "육신으로 나타나신 하나님"(딤전 3:16)으로서 『**하늘에 있는 인자**』(13절)이신 것이다.

2. 십자가에 달리신 예수 그리스도를 믿어야 한다(14,15절).

『모세가 광야에서 뱀을 들어올린 것같이 인자도 그렇게 들려올려져야만 하리니』(14절). 예수님께서는 자신이 "십자가에 달리시는 사건"을 "모세가 광야에서 뱀을 들어 올린 사건"(민 21:4-9)에 빗대어 설명하셨다(cf. 요 8:28 - 『**너**

희가 인자를 들어올리는 그때』, 요 12:32,33 - 『**내가 땅에서 들리면**』). 출애굽 이후 광야를 통과해 가던 이스라엘 백성이 "만나"에 대해 불평하면서 하나님을 거역하여 범죄했을 때, 주님께서는 그에 대한 심판으로 "불뱀들"을 보내셔서 백성들이 물려 죽게 하셨다(민 21:5,6). 그러자 백성들은 자기들의 죄를 회개했고, 이에 하나님께서는 백성들을 죽음에서 구원하시기 위해 모세를 통해 "놋뱀"을 만들어 장대에 매달게 하셨고, 뱀에 물린 자는 그 누구라도 장대에 매달린 놋뱀을 쳐다보면 살게 하셨다(민 21:7-9).

그렇다면 하나님께서는 왜 "사탄"을 상징하는 "뱀"을 사용하셨고, 예수님께서는 왜 자신을 "장대에 매달린 뱀"에 비유하셨는가? 이는 죄가 없으시고 거룩하신 예수 그리스도께서 저주받은 인류의 죄를 제거하시려고 모든 인간을 대신하여 "죄"와 "저주"가 되셔야 했기 때문이다. 성경은 나무에 달린 자는 누구든지 "저주"를 받았다고 말씀하신다(신 21:23, 갈 3:13). 또한 예수 그리스도께서 십자가라는 제단 위로 올라가 인류의 모든 죄를 담당하셨을 때, 아버지 하나님께서는 그분의 "아들"을 "죄"로 삼으셨고(고후 5:21), 죄의 심판을 그 "아들"에게 내리셨다. 예수님께서는 모든 죄의 대가를 지불하시기 위해 친히 "희생제물"로서 자신을 드리시고 피 흘려 죽으신 것이다. 그 결과 하나님께서는 구약에서 장대 위로 들려올려진 놋뱀을 쳐다본 자들이 살았던 것처럼 십자가 위로 들려올려진 예수 그리스도를 믿는 사람은 누구든지 멸망하지 않고 영생을 얻게 하셨다. 이것이 바로 하나님의 놀라운 구원 계획이며 죄인이 거듭나고 영원한 생명을 얻는 길이다. 『**이는 그를 믿는 사람은 누구든지 멸망하지 않고 영생을 얻게 하려 함이니라**』(15절).

3. 믿는 자와 믿지 않는 자의 결말(16-21절)

『**하나님께서 세상을 이처럼 사랑하셔서 그의 독생자를 주셨으니, 이는 그를**

믿는 사람은 누구든지 멸망하지 않고 영생을 얻게 하려 하심이니라』(16절). "하나님의 사랑"은 "과거"에 "갈보리 십자가"에서 나타났다. 하나님께서 그분의 "독생자"를 십자가의 죽음에 내어 주심으로써 그분의 사랑을 나타내신 것이다. 『**우리를 향한 하나님의 사랑이 이렇게 나타났으니, 곧 하나님께서 그의 독생자를 세상에 보내신 것은 우리로 그를 통하여 살게 하려 하심이라. 여기에 사랑이 있으니, 우리가 하나님을 사랑한 것이 아니요 그분이 우리를 사랑하시고 그의 아들을 우리 죄들을 위하여 화목제물로 보내신 것이라**』(요일 4:9,10). "하나님의 뜻"은 세상 사람들 그 누구라도 그분의 아들을 믿고 멸망하지 않고 영생을 얻는 것이다. 하나님께서는 세상을 정죄하시기 위해 독생자를 보내신 것이 아니었고, 세상을 구원하시기 위해 독생자를 보내셨다(17절).

『**아들을 믿는 사람은 정죄를 받지 아니하나 믿지 않는 사람은 이미 정죄를 받은 것이라. 이는 그 사람이 하나님의 독생자의 이름을 믿지 않았기 때문이라**』(18절). 멸망과 정죄에 대한 모든 책임은 인간에게 있다. 하나님께서는 "갈보리 십자가를 거절한 죄인들"에게 더 이상 그분의 사랑을 베풀지 않으신다. 그들의 머리 위에는 "하나님의 진노"만이 머물러 있을 뿐이다(요 3:36). 결코 하나님의 사랑을 왜곡함으로써 독생자이신 예수님을 믿지 않는 세상 죄인들을 향해서도 하나님의 사랑이 여전히 베풀어지고 있는 것처럼 거짓말해서는 안 된다.

"**죄인들이 예수 그리스도를 믿지 않고 정죄를 받는 이유**"는 그들이 빛보다는 어두움을 더 사랑하기 때문이다(19절). 그들이 빛을 미워하여 빛으로 나아오지 않는 이유는 그들의 행위가 악하여 자기들의 행위에 대해 책망받기 싫기 때문이다(20절). 그러나 그 누구라도 자신의 악한 행위들을 용서받기 원하면, 있는 그대로 빛이신 주님 앞으로 나아가면 된다. 하나님께서는 죄인들이 자기들의 죄들을 각자 알아서 처리한 후 자기들의 의를 가지고 나아오기를 원하시지 않는다. 다만 죄 있는 상태 있는 그대로 나아와서 갈보리 십자가에서 완성된 구속을 통해 그 죄를 용서받기 원하는 죄인들을 용서하기 원하시는 것이다.

침례인 요한의 증거와 경륜적인 진리(22-30절)

『이런 일들 후에, 예수와 제자들이 유대 땅으로 와 주께서 거기서 그들과 함께 머물면서 침례를 주시더라』(22절). 사실 예수님께서 직접 침례를 주신 것은 아니었고, 그분의 제자들이 예수님의 이름으로 침례를 주었다(요 4:2). 어쨌든 예수님께서는 제자들을 삼으시면서 사역을 시작하신 것인데, 이런 부분은 침례인 요한이 여전히 사역하고 있는 중이라는 점을(23,24절) 감안하면 "인간적인 견지"에서 "갈등"의 요인이 될 수도 있었다. 실제로 요한의 제자들에게는 그런 마음이 없지 않아 있었던 것 같다(25,26절).

한편 자신의 위치와 역할을 잘 알고 있었던 침례인 요한은 그런 상황을 올바른 자세로 받아들이면서 이렇게 말했다. **『하늘에서 주신 것이 아니면 사람은 아무것도 받을 수 없느니라. 나는 그리스도가 아니요, 다만 그분 앞에 보내심을 받은 자라고 내가 말한 것을 증거해 줄 자는 바로 너희니라. 신부를 얻는 사람은 신랑이지만 신랑의 친구는 곁에 서서 신랑의 음성을 듣고 그 음성으로 인하여 크게 기뻐하느니라. 그러므로 내게는 이런 기쁨이 충만하니라. 그분은 융성해야만 하나 나는 쇠잔해야만 하리라』**(27-30절). 실제로 침례인 요한은 감옥에 갇히고 참수형을 당함으로써 쇠잔해졌지만, 예수 그리스도께서는 죽은 자들로부터 살아나시어 현재는 물론 영원무궁토록 "모든 정사와 권세"보다도 뛰어나게 되심으로써 융성해지셨다. <u>이것을 영적으로 적용해 보면, 우리의 본성에서 육신적인 부분을 쇠잔하게 하기 위해서는 먼저 성령으로 충만해야 한다. 성령께서 융성하셔야만 우리가 쇠잔할 수 있는 것이다</u>.

특히 침례인 요한은 자기 자신을 혼인식에 참석한 "<u>신랑의 친구</u>"로 묘사한다(29절). 여기에서 제시하는 "혼인식"은 교회가 휴거된 이후 셋째 하늘에서 펼쳐질 "어린양의 혼인식"(계 19:7-9)인데, 이 혼인식의 주인공은 "신랑"이신 "예수 그리스도"(어린양)와 "어린양의 신부"인 "교회"이다. "유대인"은 이 혼인식의 주인공이 아니며, 혼인하는 신랑을 축하해 주고 기뻐하기 위해 이 예식에 초대된 "신랑의 친구들"이다. 왜냐하면 『**율법과 선지서들은 요한까지**』(눅 16:16)이기 때문이다. "모세"로부터 시작하여 "침례인 요한"에 이르기까지 여러 선지자들을 비롯한 율법 시대의 구원받은 유대인들은 모두 "신랑의 친구들"이다.

"침례인 요한"은 "구약의 마지막"을 장식하는 사람이다. 아무리 위대한 일을 했어도 그는 "구약 성도"이다. 구약 성도의 지위는 신약 성도의 지위보다 높지 못하다. 구약 시대에 아무리 많은 약속이 유대인에게 주어졌고, 또 그들을 위해 위대한 일들이 이루어졌을지라도, 신약 성도에게 주어지는 그분의 약속과 행하심이 더 크고 더 위대하다.

침례인 요한은 구약의 마지막 순간에 일어나서 메시아를 이스라엘 백성에게 제시한 사람이다. 이제 그 메시아께서 오셨다. 이제는 그분을 믿어야 한다. 아직까지 구약의 진리를 붙잡고 있으면 안 된다. 이제는 예수님께로 돌이켜야 한다. 니코데모는 위대한 학자였지만 여전히 구약의 진리만 붙들고 있었기 때문에 거듭남을 몰랐다. 그리고 책망을 받았다. 이제 모든 백성들은 침례인 요한의 증거대로 예수님께 나아가야 한다. 하지만 안타깝게도 백성들은 그렇게 하지 않았다.

예수님의 신성과 하나님으로서의 권위(31-36절)

예수 그리스도께서는 "만물 위에 계시는 하나님 자신"이지만(31절), "아들의 위치"로 보면 "하나님께로부터 보내심을 받은 분"이다(34절). 이렇듯 "하늘에서 오신 분"이기에(31절) 주님께서는 "하늘의 일들"을 말씀하신다(12절). 이에 반해 "땅에서 난 자들"은 "땅의 일들"밖에 모른다(31절). 요한복음 3장에서는 계속해서 "두 가지"를 대조하고 있다. "육신적인 출생"과 "영적인 출생"을 대조하는가 하면(5,6절), "믿는 자"와 "믿지 않는 자"를 대조하고 있고(16,18절), 또한 "하늘에 속한 자"와 "땅에 속한 자"를 대조하고 있다. 하늘에서 오신 분을 믿는 자들은 하늘에 속한 자들이지만, 하늘에 속하지 않은 자들은 땅의 일만 생각한다. 그들이 바로 그분의 증거를 받아들이지 않는 죄인들이다(32절).

결론적으로, 모든 인간이 마땅히 믿고 신뢰해야 할 "예수 그리스도"는 누구이신가? 그분은 "하늘에서 오신 분"이다(31절). 하나님께로부터 보고 들은 바를 증거하시며(32절) 하나님의 말씀들을 말씀하신다(34절). 왜냐하면 하나님께서 그분께 성령을 한량없이 주시고, 또한 그분은 하나님께로부터 모든 것을 받으셨기 때문이다(34,35절). 이것은 하나님의 권위를 갖고 오셨다는 뜻이며, 결국 예수 그리스도의 신성(즉 그리스도께서 하나님의 아들이시라는 것)을 말하는 것이다. 그리스도 안에 있는 생명은 하나님의 생명이다. 그 생명은 영원하다(영생). 이는 예수 그리스도께서 하나님이시기 때문에만 가능한 일이다. 그래서 예수 그리스도를 믿는 사람은 "새로운 출생"(거듭남)을 통해 새로운 생명을 얻게 되는데, 그 생명이 바로 하늘에 속한 생명, 즉 하늘로부터 오신 분 안에 있는 생명이고, 곧 영원한 생명이다. 『**아버지께서 아들을 사랑하시어 모든 것들을 그의 손에 주셨으니 아들을 믿는 자는 영생을 가졌고 그 아들을 믿지 않는 자는 생명을 보지 못하고 오히려 하나님의 진노가 그 사람 위에 머물러 있느니라."고 하더라**』(35,36절).

갈보리 십자가로 나아와 예수 그리스도를 자신의 구주로 믿지 않는 한 하나님의 사랑을 받는 것은 절대로 불가능하며, 그 사람 위에는 오직 하나님의 진노만 머물러 있을 뿐이다!

NOTES

NOTES

제6과

사마리아 여인은 어떻게 구원을 받았는가(4장)

『"와서 내가 행한 모든 일들을 나에게 말한 그 사람을 보라. 그분이 그리스도가 아닌가?"라고 하니 그때 사람들이 성읍에서 나와 주께로 오더리』(요 4:29,30).

영원히 마르지 않는 생수

사람은 누구든 물 없이는 살지 못한다. 물은 생명과 건강을 위해 반드시 필요하다. 샘에서 솟는 시원한 물은 갈증을 풀어줄 뿐만 아니라 온 몸에서 힘이 솟아나게 해 준다. 사막을 횡단하는 여행자에게도, 밤낮 가리지 않고 천 리 길을 행군하는 군인에게도, 땀을 흘리며 수고하는 노동자에게도, 결승 지점을 향해 달리는 마라톤 선수에게도, 잠에서 깨어 아침을 맞는 그 누구라도, 건강한 사람이든, 병약한 사람이든 누구에게나 생수는 필요하다.

이런 생수를 주시는 분이 예수 그리스도이시다. 그분은 이 세상 모든 사람들에게 생수를 주러 오셨다. 오직 그분만이 생수를 주실 수 있다. 그래서 그분께서 누구신지를 알면 누구나 그분께 나아가 생수를 받아 마시기를 주저하지 않는다. 그러나 이 생수를 거절한 어리석은 사람들은 그 생수가 없음으로 인해서 고통을 겪을 수밖에 없다. 누가복음 16장의 한 사람은 지옥에서 고통을 식혀줄 물 한 방울을 애원하였지만 거절당하였다. 이미 늦어버린 것이다. 돌이킬 수 있는 길이 없어져 버린 것이다.

당신에게는 생수가 필요하다. "영원히 마르지 않는 생수"를 들고 당신 곁에 서 계신 예수 그리스도께 지금 가서 그 생수를 구하라. 그러면 그분께서 아낌없이 주실 것이다. 예수님께서 주시는 생수를 마시는 것만이 영원히 목마르지 않을 수 있는 유일한 방법이다. 그러면 그것은 그 사람 안에서 영원한 생명으로 솟아오르는 샘물이 된다.

복음과 죄인

1. 생수가 필요한 죄인(1-10절)

『예수께서 대답하여 그녀에게 말씀하시기를 "만일 네가 하나님의 선물을 알고 또 마실 물을 좀 달라고 너에게 말한 이가 누구인 줄 알았더라면 그에게 구하였을 것이요, 그는 너에게 생수를 주었으리라."고 하시니』(요 4:10).

복음은 시원한 물과 같다. 먼 땅 하늘나라에서 들려오는 좋은 소식이다. **『먼 땅에서 오는 좋은 소식은 목마른 혼에게 냉수 같으니라』**(잠 25:25). 그러나 대부분의 사람들은 영원한 생명을 주시는 예수 그리스도를 대면하고 있으면서도 생수가 무엇인지, 또 자신에게 그 생수가 필요한지조차 모르는 이 사마리아 여인처럼 갈증을 느끼지 못한다. 갖가지 죄들로 인해서, 또 마귀가 세워놓은 갖가지 가치관들로 인해서 선한 양심이 마비되어 자기에게 생수가 필요하다는 것을 느낄 수 있는 감각을 잃어 가는 것이다.

갈증을 해결할 수 있는 것은 복음 외에는 없다. 오직 복음으로만 인간에게 갈증을 해결할 수 있는 생수를 제공할 수 있다.

『자신의 재물을 의지하고 부유함을 스스로 자랑하는 자들 중에 어떤 수단으로라도 자기 형제를 구속하거나 그를 위하여 하나님께 몸값을 바쳐 (이는 그들의 혼의 구속은 귀한 것이요, 그것은 영원히 멈추게 됨이라.) 그로 영원히 살고 썩어짐을 보지 않게 할 자는 아무도 없도다』(시 49:6-9).

2. 복음을 대하는 죄인의 반응(10-26절)

『예수께서 대답하여, 그녀에게 말씀하시기를 "이 물을 마시는 사람은 누구든지 다시 목마르려니와 내가 주는 물을 마시는 사람은 누구든지 영원히 목마르지 아니하리라. 그러나 내가 그에게 주는 물은 그 사람 안에서 영원한 생명으로 솟아오르는 샘물이 되리라."고 하시니라』(요 4:13,14).

1) 영원히 목마르지 않는 생수를 주시기 위해서 자신 앞에 서 계신 주님께 이 사마리아 여인은 『**유대인인 당신이 어떻게 사마리아 여자인 나에게 '마실 물을 달라'고 하시나이까?**』(9절), 『**당신은 물 길을 그릇도 없고 이 우물은 깊은데**』(11절), 『**당신이 야곱보다 더 위대하시니이까**』(12절), 『**경배드려야 할 곳**』(20절), 『**그리스도라 하는 메시아가 오실 줄을 아나이다.**』(25절)라며 "**비본질적인 이야기들**"로 말을 돌리고 있다.

이 사마리아 여인의 모습은 "단순한 믿음만"을 요구하시는 하나님 앞에 "구원받기 위해서는 자신이 뭔가를 해야만 한다"고 하거나, "너무 쉬워서 믿을 수 없다"고 말하고, 자신의 "종교적인 배경"을 내세우며 결정을 회피하는 죄인들의 모습을 그대로 보여 주고 있다.

그러나 정작 이 사마리아 여인은 어떤 사람인가? 누군가에게 "선물"같은 것은 받아 본 경험조차 없는 불쌍한 여자이고, 버림받은 여인이다. 이 세상 삶 자체에 지쳐 있고, 죄로 인해 신음하느라 "예수 그리스도가 누구인지," "하나님의 선물"이 무엇인지 전혀 예측할 수 없는 상태에 있는 죄인이다. 주님께서는 여인의 육신적인 반응에 일일이 반응하거나 휘둘리지 않으셨다. "가련한 죄인의 구원"에 초점을 맞추시면서 인내심을 가지시고 "하나님의 선물"과 "너에게 말한 이"에 대해 말씀을 이어 가신다.

영원한 생명으로 솟아오르는 샘물은 영적인 물이다. 구원받은 사람은 지금 영적인 생명을 누리고 있다. 그러나 예수 그리스도께서 다시 오실 때, 무덤에서 다시 일어나 예수 그리스도를 뵙게 될 때 실질적인 생명으로 누리게 될 것이다.

2) 이 여인은 주님의 말씀을 다 이해하지 못하였으나 그 생수를 달리고 요청하고 있다(15절). 『**주여, 그 물을 나에게도 주셔서, 내가 목마르지도 아니하고 여기에 물을 길으러 오지도 않도록 하옵소서.**』 그런 여인에게 『**가서 네 남편을 불러 이리로 오라**』고 말씀하신다(16절).

"남편"은 그녀에게 "죄"를 인정하지 않을 수 없는 가장 큰 취약점이었다. 가장 아픈 곳을 정확하게 찌르신 것이다. 그녀에게 "물"을 주시기 위해 그녀의 죄 문제를 다루고 계신 것이다. 하나님께서는 이미 우리의 모든 죄들을 일일이 알고 계신다. 오죽하면 성경은 "너희의 머리카락"까지도 다 세어 두셨다고 말씀하시겠는가! 그녀가 스스로 죄인임을 인정하도록 하고 계신 것이다.

<u>죄인이 구원받으려면 먼저 죄 문제를 해결하지 않으면 안 된다</u>. 이것은 어느 누구도 마찬가지이고 어느 경우에도 예외가 없다. 하나님의 구원계획이 성취되기 위해서는 먼저 죄의 뿌리를 뽑아내야 하는 것이다. 그럼에도 자신이 죄인임을, 버림받은 자임을 자기 입으로 고백하는 것은 쉬운 일이 아니다. 사람이 자신의 입으로 "나는 죄인입니다."하고 말한다는 것은 대단한 용기와 결단이 필요한 일이다. 그러나 그들이 그렇게 하지 않으면 진정으로 그들을 그리스도께로 인도할 수가 없다.

3) <u>성경이 말씀하는 복음은 단순하다</u>. "당신은 죽는다." "당신은 심판석 앞에 서야 한다." "그 심판을 당신은 무사통과할 수 없다." "지옥으로 가야 한다." "여기 구세주가 계신다. 예수 그리스도께서 당신의 죄를 대신하여 당신 대신 죽으

셨고, 장사한지 사흘 만에 죽은 자 가운데서 다시 살아나셨다." "주 예수 그리스도를 믿고 당신의 구세주로 영접하라. 그러면 당신은 영원한 생명을 얻는다." 이것뿐이다.

죄에 관한 일은 결코 죽는다고 사라지는 것이 아니다. 자신의 죄에 대해서 이 땅에서 숨을 쉬는 동안 해결하지 못하면 그 죄는 반드시 고통의 장소에서 다루어지게 될 것이다. 누구나가 그 이름조차 듣기 싫어하는 바로 그 지옥에서 다루어지는 것이다. 지금까지 그 문제를 애써 외면하며 죽어 간 수많은 죄인들이 지금 그 고통의 장소에서 "살려 달라!"고 부르짖고 있다. 그러나 그들에게는 두 번째 기회가 주어지지 않는다(막 9:44,46,48).

『그곳에는 그들의 벌레도 죽지 않고, 불도 꺼지지 아니하느니라고 하시니라』(막 9:44,46,48).

4) 교회는 예수 그리스도께 가는데 꼭 거쳐야 할 "계단"이 아니다. 교회는 결코 죄인을 구원해 주지 못한다. 죄인을 구원해 주실 수 있는 분은 오직 예수 그리스도 한 분뿐이시다. 구원받지 못한 죄인이 예수 그리스도를 구주로 믿고 영접하기 전에 어떤 교회에 먼저 발을 들여놓고, 그 교회 신자로 등록을 마친 후, 그 교회를 계속 다니는 것은 오히려 이전보다 위험한 일이다. 교회를 다니는 동안 주워들은 풍월이 결신을 촉구하는 그 순간에 큰 방해물로 작용하는 것이다. 죄인은 자신이 서 있는 바로 그 자리에서 그분을 직접 만날 수 있고, 반드시 그렇게 해야 한다.

5) 하나님께서는 영과 진리로 경배드리는 참된 경배자들을 찾으신다(23절). 현대의 대형 교회들에서 온갖 악기들과 음향 장비들을 동원해 가며 육신적이고 감성적인 요들을 자극하여 감정적으로 고양되고, 만족감을 느끼게 하는 그

런 행위들은 예배가 아니라 쇼다. 하나님께 경배드리는 사람은 그 마음이 오직 하나님으로만 압도되어 있지 않으면 안 된다. 그러기 위해서는 복음을 통해 그의 죽은 영이 거듭나고, 성령을 통하여 하나님과 영적인 관계가 맺어져야 가능한 것이다. 어떠한 거짓이나 숨기는 것 없이, 완전히 굴복하고 엎드려, 선포되는 진리의 말씀에 정직하게 반응하고, 순수한 사랑과 존경심만을 담고 있어야 가능한 것이다.

6) 메시야가 오실 것을 알고 있고, 그분께서 오시기를 바라고 있던 사마리아 여인에게 "너와 말하고 있는 내가 그니라."라고 말씀하심으로써 자신이 그 메시야이며, 하나님의 아들이심을 밝히셨다(25,26절).

『예수께서 유대인들이 그를 쫓아내었다는 말을 듣고 난 후 그를 만나서 말씀하시기를 "너는 하나님의 아들을 믿느냐?" 고 하시니 그가 대답하여 말씀드리기를 "그가 누구시니이까? 주여, 내가 그를 믿고자 하나이다."라고 하니라. 예수께서 그에게 말씀하시기를 "내가 그를 보았거니와 너와 말하고 있는 이가 그니라."고 하니』(요 9:35-37).

7) <u>사마리아 여인은 자신의 구원을 간증한다(28,29절)</u>. 물을 길으러 왔던 여인은 물동이를 버려두고 마을로 달려가 자신에게 생수를 주신 분에 관해 간증하고 있다. 인생의 궁극적인 문제 해결은 새로이 태어나는 데에서 찾는 것이지, 먹고 마시는 문제에서 찾아 낼 수 있는 것이 아니다. 아무리 어려운 여건에 놓여 있는 사람이라 할지라도 그들이 주님을 믿고 구세주로 영접하면 가난의 문제나 질병의 문제 따위는 비교도 되지 않는 중대한 핵심 문제가 해결이 되는 것이다. 이것이 해결되지 않은 상태에서 다른 문제들만을 해결하려고 애쓰는 것은 결국 그 많은 시간들을 다 낭비하고 마는 것이다.

그리스도인의 기쁨

1. 영적 만족(31-34)

> 『그러나 주께서 그들에게 말씀하시기를 "나에게는 너희가 알지 못하는 먹을 음식이 있느니라."고 하시니... 예수께서 그들에게 말씀하시기를 "나의 음식은 나를 보내신 분의 뜻을 행하고 그분의 일을 완성하는 것이라』(요 4:32,34).

피곤하시고 시장하신 줄만 알았던 주님께서 여인에게 물 한 모금 얻어 마시신 것도 아닌데 아까와는 딴판으로 가운이 넘치고 피곤하지도 않으신 기색이다. 죄인 하나를 구령하여 거듭나게 하신 주님께서는 그것이 영적 음식이 되어 충분한 만족을 얻으시고 더 이상 피곤하거나 시장하지가 않으셨던 것이다. 예수님께서는 하나님의 뜻을 행하고 하나님의 일을 완성하는 것이 예수님의 음식이라고 말씀하셨다. **죄인을 구령하는 일이 이처럼 영적 만족을 가져오는 양식이 될 수가 있는 것이다.**

> 『아버지께서 내게 주시는 자는 다 내게로 올 것이요, 또 내게 오는 자는 내가 결코 내어쫓지 아니하리라. 이는 내가 하늘에서 내려온 것은 내 자신의 뜻을 행하려는 것이 아니요, 나를 보내신 분의 뜻을 행하려는 것임이라. 이것이 나를 보내신 아버지의 뜻이니, 즉 그분께서 내게 주신 모든 사람을 하나도 잃지 않고 마지막 날에 다시 살리는 것이라. 또 이것이 나를 보내신 분의 뜻이니, 아들을 보고 그를 믿는 사람은 누구나 영생을 얻게 하는 것이라. 그리고 내가 그를 마지막 날에 살리리라."고 하시더라』(요 6:37-40).

2. 시급한 복음 전파 사역(35-38절)

『보라, 내가 너희에게 말하노니 눈을 들어 밭을 보라. 이는 곡식이 추수하도록 이미 하얗게 되었음이라』(요 6:35).

주님께서 제자들에게 **『눈을 들어 밭을 보라.』**라고 촉구하시면서 시급한 복음 전파 사역에 대해 도전하고 계신다(35절). 복음을 전하는 일은 **『영원한 생명에 이르는 열매』**를 모으는 일이기 때문에 그 자체가 생명을 얻은 사람들의 즐거움이고, 이런 수고를 한 사람들의 영원한 즐거움이다. 이 영원한 생명의 즐거움이 거두는 자가 받는 삯이며, 또한 그 수고에 따라 상이 쌓이게 된다.

사마리아 여인은 다른 이들에게 전파했고(39절), 사람들은 처음에는 사마리아 여인의 말을 통해서 믿었으나, 그 후에는 스스로 듣고서 믿었다(42절). 이렇게 복음은 믿은 사람을 통하여 전파되는 것이다.

예수 그리스도께서는 사마리아인들의 간청으로 사마리아에서 이틀을 더 머무시고, 갈릴리의 카나에 오셨다. 그곳에서 어떤 귀족이 카퍼나움에 있는 자기 아들을 고쳐 달라고 간청했다. 예수님께서는 **『가라, 네 아들이 살아났느니라.』**라고 말씀하셨고, 그 귀족은 예수님의 말씀을 "믿고" 자기 길을 갔다(50절). 다음 날 그 귀족이 자기 종들을 만났을 때, **『주인님의 아들이 살아났나이다.』**라는 말을 듣고, 몇 시쯤에 아들이 살아났는지 물었는데, 종들이 **『어제 제칠시에 열이 떨어졌나이다.』**라고 대답했다. 그 귀족은 예수님께서 그의 아들이 살아났다고 말씀하신 바로 그때에 열이 떨어진 것을 "알게" 되었고, 이 일로 그 자신과 온 집안이 "함께 믿게" 되었다(53절).

이렇듯 "믿음의 성장 과정"은 일단 "믿는 것"이 먼저이고, 그 후에 "알게" 해 주시며, 그러면 더욱 "믿게" 되고, 다른 사람들도 "함께 믿게" 하려고 전

하게 되는 것이다. 예수 그리스도께서 "추수"를 강조하신 요한복음 4장에 사마리아 여인이 성읍 사람들에게 전파한 것과 귀족이 온 집안을 믿게 한 것이 모두 함께 기록되었음을 기억하고 "추수"를 위해 열심히 가족과 이웃에게 복음을 전해야 할 것이다.

모든 그리스도인은 『**하나님과 함께 일하는 동역자들**』이다(고전 3:9). 하나님의 동역자들이란 하나님께서 자기에게 맡기신 일, 하나님께서 자기에게 바라시는 일, 그리고 하나님께서 그 일을 어떻게 수행하기를 바라시는지 그대로만 일하는 사람들이다. 사마리아 여인은 사회적으로 어떤 영향력이 있는 신분도, 정숙한 귀부인도 아닌 보잘 것 없는 창녀에 불과했다. 그러나 이방인들이 그녀의 증거를 통해 주님을 영접했다.

하나님께서는 그분의 사역을 수행하기 위하여 위대한 사람들만을 불러 사용하시는 것이 아니다. 『**영원한 생명에 이르는 열매**』를 모으는 일에 보잘 것 없는 여인을 쓰셨던 것처럼 보잘 것 없는 사람들을 불러 그분의 위대한 사역을 감당하게 하시고 위대한 사람들이 되게 만드신다. 증거하는 사람은 "열심히" 증거하기만 하면 되는 것이다.

■ 새롭게 깨달았거나 적용할 내용이 있다면 적어 보세요 ■

NOTES

NOTES

제7과

삼십팔 년 된 병자의 치유(5장)

『예수께서 그에게 말씀하시기를 "일어나서 네 침상을 들고 걸어가라." 하시니 그 사람이 즉시 나은지라. 자기 침상을 들고 걸어가니 그 날은 안식일이더라』(요 5:8,9).

베데스다 연못

"베데스다"(2절)는 "자비 또는 은혜"라는 의미를 지닌 연못이다. 이 연못은 "예루살렘에 있는 양 시장" 곁에 있었는데, 제물로 바쳐질 양들을 파는 시장이 연못 근처에 있었던 것이다. 때는 "유대인의 명절인 유월절"(1절)로서 "유월절 어린양"이신 예수 그리스도의 죽으심을 상기시켜 준다. 특히 행각 "다섯"은 "죽음"을 상징한다. 한편 이곳에 모여 있는 자들은 소경, 절름발이, 혈기 마른 자들 등인데, 모두 자기 힘으로 연못까지 뛰어가서 물속으로 들어가기 힘든 자들이다. 이처럼 무력한 자들이 "은혜의 집" 앞에 모여 있는 것이다.

그러나 이 연못의 상황은 전혀 "은혜의 상황"이 아니다. 가끔씩 천사가 내려와 물을 움직일 때 그 물에 "먼저" 들어간 사람만 치유받을 수 있기 때문이다. 물에 들어간 "모든" 사람이 치유받아야 진정한 은혜의 집이 되는 것인데, 경쟁해서 이긴 사람만 치유받는다는 것은 분명히 "행위 구원"을 보여 주는 것이며, 은혜의 상황이 전혀 아닌 것이다. 하지만 그런 장소로 베데스다를 진정한 은혜의 집으로 만드실 분이 나타나셨으니, 바로 "세상 죄를 제거하시는 어린양"(요 1:29) 예수 그리스도이신 것이다.

■ 새롭게 깨달았거나 적용할 내용이 있다면 적어 보세요. ■

삼십팔 년 된 병자의 치유(1-16절)

"희생제물"로 양이 준비되는 양 시장 곁에 "자비"라는 뜻을 가진 베데스다 연못이 있다(2절). 베데스다 연못 주변에 힘없고 기력이 없어 스스로 무엇인가를 찾아서 할 수 없는 수많은 병자들이 물이 움직이기를 기다리며 생명을 구하고 있다(3절, cf. 잠 4:19). 그러나 이 베데스다 연못에서 베풀어지는 자비는 "누구든지" 받을 수 있는 자비가 아니라, "먼저" 들어간 한 사람에게만 국한되는 아주 제한적인 자비였다. 이에 반해 죄인들에게 베푸시는 예수 그리스도의 자비는 구태여 물이 움직이는 특정한 때를 기다릴 필요가 없다. 또한 "먼저" 온 한 사람이 고침받는 것이 아니라 오는 사람은 "누구든지" 고침받는다(롬 5:6).

"삼십팔 년 동안 병을 앓던 한 사람"(5절)은 자기 스스로를 구원할 수 없는 죄인을 예표한다. 그런 죄인에게 예수님께서는 『**네가 낫기를 원하느냐?**』(6절)라고 물으셨다. 비록 그 병자는 "낫기를 원합니다!"라고 짧게 대답해도 충분했을 것을 자신의 처지를 한탄하며 길게 하소연했지만(7절), 예수님께서는 오직 "말씀"만으로 그를 치유해 주셨다. 『**예수께서 그에게 말씀하시기를 "일어나서 네 침상을 들고 걸어가라." 하시니 그 사람이 즉시 나은지라. 자기 침상을 들고 걸어가니 그 날은 안식일이더라**』(8,9절).

한편 『**네가 낫기를 원하느냐?**』(6절)라는 예수님의 질문은 행각에 있던 병자 "집단"을 향한 질문이 아니라 삼십팔 년 동안 병을 앓던 그 병자 "개인"을 향한 질문이었다. 주님께서는 죄인 한 사람 한 사람을 개인적으로 상대하시는 "구원자"이시다. 경건한 가정이나 집단 및 교회에 소속되어 있다고 해서 구원받는 것이 아니며, 그 누구라도 주님을 "개인의 구주"로 믿어야 구원을 받는 것이다. 『**네가 네 입으로 주 예수를 시인하고 또 하나님께서 그를 죽은 자들로부터 살리신 것을 네 마음에 믿으면 구원을 받으리라**』(롬 10:9).

구원을 받은 그리스도인들이 죄를 자백하고 예수 그리스도의 보혈로 깨끗하게 되어 하나님과의 교제를 유지하는 일도 언제나 개인적으로 이루어지는 일이다. 이 일도 어느 집단에 속했다고 해서 저절로 이루어지거나 다른 사람이 대신해 줄 수 있는 일이 아니다. 주님께서는 그 성도 개인의 마음속을 들여다보시고, 성도 개인의 움직임을 살피시고, 성도 개인의 자백을 들으시고, 성도 개인의 기도를 들으신다. 그리스도의 심판석에서도 성도들을 개인적으로 대면하실 것이다. 그렇기 때문에 그리스도인들은 다른 성도들을 쳐다볼 것이 아니라 먼저 주님과의 개인적인 관계를 올바르게 유지해야 한다. 특히 죄를 짓는 생활을 멈춰야 하는데, 이에 예수 그리스도께서는 이렇게 말씀하신다. 『**보라, 네가 나았도다. 더 악한 일이 네게 일어나지 않도록 이제는 더 이상 죄를 짓지 말라**』(14절).

한편 가련한 자를 돕거나 비참한 병자를 살려 내는 일은 유대인들의 관심사가 아니었다(10-13절). 유대인들은 오직 안식일의 규례(종교적 의식)를 지키는 것에만 관심이 있었다. 종교는 결코 "사람"이나 "생명"에는 관심이 없으며, "영과 진리"보다 "의식과 형식과 절차"가 먼저인 것이다. 본래 "안식일"은 하나님과 유대인 사이의 "표적"으로 주어진 것이었다(출 31:13,16,17). 안식일에 병자를 고치는 일을 문제 삼는 것에 대해 예수님께서는 안식일이 사람을 위하여 만들어진 것이지 사람이 안식일을 위하여 만들어진 것이 아니라고 대답하시면서 "나의 아버지께서 지금까지 일하고 계시니 나도 일하노라."라고 대답하셨다(17절, 막 2:27, 눅 13:15,16).

안식일을 제정해 주신 분은 하나님이시다. 그 하나님께서 지금 그들 앞에 서 계신다. 즉 안식일의 주인이신 분이 안식일에 치유를 행하신 것이다. 그럼에도 불구하고 유대인들은 주님께서 안식일을 어기셨다고 하면서 주님을 정죄한다. 안식일을 지키려다가 안식일의 주인이신 분을 배척한 것이다. 특히 그들은 "행위 구원"을 주장하고 있다. 하지만 예수님께서는 이 치유를 통해 행위는 무익하며, 오직 은혜만이 죄인을 구원한다는 것을 알려 주셨다. 혹시 당신은 예수 그리스도의 위대한 은혜 앞에서 당신 자신의 무익하고 의미 없는 무능력한 행위를 의지하지는 않는가?

■ 새롭게 깨달았거나 적용할 내용이 있다면 적어 보세요. ■

"성경적 증거"를 없애려는 자들

이스라엘은 표적으로 시작된 민족이다(출 4장). 그래서 그들은 눈으로 보지 않고서는 절대 믿지 않는 백성이다. 초림 때 예수 그리스도께서 "다윗의 보좌에 앉아서 통치하실 메시아 왕"이심을 그들에게 보이셨고, 또한 자신이 "하나님의 아들"이심을 많은 증거들로 보여주셨다. 하지만 초림 당시 종교 위선자들과 불신자들은 이것을 "반박하는 증거들"(율법)만 들이댈 뿐 결코 믿지 않았다. 오히려 그들은 예수 그리스도를 죽임으로써 성경의 "무오한 증거들"을 인멸하려고 했다.

그렇다면 오늘날 교회시대인 어떠한가? 예수 그리스도의 "동정녀 탄생과 부활"은 예수 그리스도의 신성을 뒷받침하는 강력한 "증거"이다. 하지만 이 사실을 숨기려고 초림 당시 종교지도자들이 병사들에게 무덤을 지키게 했듯, 오늘날 로마카톨릭은 마리아를 "성모 마리아"라 부르며 "중보자"(딤전 2:5)의 자리에 앉혀 놓고 "하늘의 여왕"으로 신성시하고 있다. 심지어 "베드로"(돌멩이)를 "반석"으로 둔갑시켜 예수 그리스도의 신성을 없애려고 한다. 종교뿐 아니라 과학과 철학 등 모든 영역에서 "성경적 증거"를 인멸하려는 시도가 자행되고 있다.

하지만 주님은 성경대로 고난을 받으시고, 죽으시고, 묻히시고, 다시 부활하셨고 "만왕의 왕, 만주의 주"로 다시 오실 것이다(계 19:16). 그러므로 거듭난 자녀들은 주님 오실 때까지 "복음의 진리"를 전파하며, 신실한 증인으로서의 삶을 살아야한다. **『내가 말하노니 그들이 듣지 아니하였느냐? 실로 들었느니라. 그들의 음성이 온 땅에 퍼져 나갔고 그들의 말이 세상 끝까지 이르렀느니라』**(롬 10:18).

"하나님의 아들" 예수 그리스도

1. 안식일에 일하시는 "하나님의 아들"

『그러나 예수께서 그들에게 대답하시기를 "나의 아버지께서 지금까지 일하시니 나도 일하노라."고 하시더라』(17절).

창세기 2:2,3에서 하나님께서 창조사역을 마치시고 일곱째 날에 쉬셨지만, 그것은 하나님께서 피곤하셔서 쉬신 것이 아니다. 『**영원하신 하나님, 主, 곧 땅 끝들의 창조주는 피곤치 아니하시며, 곤비치 아니하신 분인 것을 너는 듣지 못하였느냐?**』(사 40:28). 그러므로 안식일은 사람을 위해 제정해 놓으신 것일 뿐이다. 『**안식일이 사람을 위하여 만들어진 것이지, 사람이 안식일을 위하여 만들어진 것은 아니니라**』(막 2:27). 반면 창조 사역을 마치신 하나님께서는 지금도 우주 만물을 다스리시고, 섭리로 보존하시며, 모든 기도에 경청하시고 응답하시는 일에서 결코 쉬신 적이 없다. 초림 때 "선지자"(행 3:22)로서 사역을 행하신 예수 그리스도께서 지금도 우리를 위한 "중보자"(롬 8:34)로 계시며, 앞으로 "심판주"로 오셔서 영원무궁토록 통치하실 것이다(계 19:6). 따라서 예수 그리스도께서 안식일에 쉬지 않고 병을 고치신 것도 그분이 바로 "주 하나님"이시기 때문이다. 『**인자는 또한 안식일의 주니라**』(막 2:28).

2. "하나님의 아들"을 죽이려는 유대인들

『그러므로 유대인들이 그를 더욱 죽이려고 하니, 이는 그가 안식일을 범했을 뿐만 아니라 하나님을 자기의 아버지라고 말함으로써 자신을 하나님과 동등하게 여겼기 때문이라』(18절).

구약의 유대인들은 안식일의 율례를 지켜야 하고, 누구든지 이를 범하면 반드시 죽여야 한다. 『**그러므로 너희는 안식일을 지킬지니 이는 그것이 너희에게 거룩함이라. 그 날을 더럽히는 자는 모두 반드시 죽일지니라. 그 날에 일하는 자는 누구라도 그 혼이 자기 백성 가운데서 끊어지리라**』(출 31:14). 그런 그들 앞에 예수 그리스도께서 안식일에 병을 고치신 것도 죽일만한 이유가 되었지만, 하나님을 "나의 아버지"(17절)라고 말함으로써 자신을 하나님과 동등하게 여겼기 때문에 더욱 죽이려 한 것이다(18절). 특히 언약의 백성인 유대인들에게 하나님은 "백성"의 아버지이셨지, 결코 "개인"의 아버지가 아니셨다(『**하늘에 계신 너희 아버지**』, 마 5:48). 따라서 그들의 기준에서 예수 그리스도는 마땅히 죽음에 처해야할 "죄인"(사람)에 불과했다. 그러나 성경은 『**그는 하나님의 형체로 계시므로 하나님과 동등하게 되는 것을 탈취라 생각지 아니하셨으나**』(빌 2:6)라고 말씀하신다.

3. 본 대로 행하시는 "하나님의 아들"

『아들은 스스로 아무것도 할 수 없으나 아버지께서 하시는 일을 본 것은 할 수 있나니, 아버지께서 하시는 일은 무엇이나 아들도 그와 같이 행하느니라』(19절).

자식이 부모를 닮는 것은 외모 뿐 아니라 행동에서도 그러하다. 특히 자식은 부모가 하는 것을 보고, 듣고, 그대로 따라한다. 『**너희는 너희 아비 마귀에게서 나와서 너희 아비의 정욕을 행하고자 하는도다**』(요 8:44). 이점에 있어서 예수 그리스도께서도 "아버지 하나님께서 하시는 일을 본 것을 행하시며, 아버지께서 하시는 일은 무엇이나 아들도 그와 같이 행한다."고 말씀하신다. 그런데 바로 앞부분에 있는 『**아들은 스스로 아무것도 할 수 없으나**』라는 말씀에 사람들은 걸려 넘어진다. 사실 이 부분만 떼놓고 보면 예수 그리스도의 신성에 대해

의문을 불러일으킬 수 있다. 하지만 이어지는 『아버지께서 하시는 일을 본 것은 할 수 있나니』라는 말씀은 ❶ 예수 그리스도께서 하나님 아버지의 일을 볼 수 있고, ❷ 또 그것이 어떤 일이며 어떻게 하는지를 아실 수 있으시며, ❸ 더욱이 그 일을 행할 수 있는 분이심을 나타내고 있다. 그러므로 19절 전체는 오히려 예수 그리스도의 신성을 강력하게 보여주는 구절이다. 특히 30절과 비교해보면, 예수 그리스도께서 하시는 일은 모두 "독단적으로"(스스로) 행하는 것이 아니라, 아버지와 아들 사이에 공유된 "한 뜻 안에서 이루어지는 일"이다. 그러므로 아들이 하는 일에 아버지께서 자동적으로 개입되는 것이므로, 아버지를 떠나서는 아들은 "스스로 아무것도 할 수 없다"고 말씀하신 것이다.

"하나님과 동등하다"는 증거들

유대인들의 분노에도 아랑곳하지 않으시는 주님께서는 계속해서 자신이 "하나님의 아들"이심을 밝히고 계신다. 아버지와의 이러한 동등하심은 ❶ 쉬지 않고 사역하시는 "일"에 있어서 그렇고(17절), ❷ 아버지께서 하신 일을 보고 무엇이나 그와 같이 행하시는 "의지"(19절)에 있어서도 그러하다. ❸ 또한 아들에게 모든 것을 보여주심으로써 아버지와 "지성"(20절)을 공유한다는 점에서도 그렇다. 뿐만 아니라 ❹ 아들에게 심판하는 권세를 주심으로써 아버지와 동등한 "권세"(22,27절)를 가졌다는 점에서 그러하다. 또한 ❺ 아버지를 존경한 것같이 아들을 존경하는 "존귀"(23절)에 있어서도 동등하시다. 그런가 하면 ❻ "영생을 주시는 능력"(24절)에 있어서도 마찬가지다. 무엇보다 새 하늘과 새 땅이 만들어지는 영원세계에서 "하나님과 예수 그리스도가 한 분"이심을 명확히 보여주고 있다. 『또 그가 나에게 하나님과 어린양의 보좌[the throne of God and of the Lamb]에서 흘러 나오는 수정처럼 맑은 생명수의 정결한 강을 보여 주더라』(계 22:1).

"아들"에게 주시는 생명과 심판의 권세

1. 영생을 주시는 "하나님의 아들"

『아버지께서 아들을 사랑하시어 친히 하신 모든 것들을 그에게 보여 주심이며, 또 그분께서는 이보다 더 위대한 일들을 보여 주시리니 이는 너희로 놀라게 하려 하심이라. 아버지께서 죽은 자를 일으켜 살리심같이 아들도 자기가 원하는 자들을 살리느니라』(20,21절).

20절에서 말씀하시는 『**더 위대한 일들**』이란 "죽은 자를 일으켜 살리시는 일들"이다. "살린다"(quicken)는 말은 "생명을 주다"라는 의미로, 이것은 오직 하나님께 속한 특권이요, 능력이다(cf. 계 13:15). 이처럼 예수 그리스도께서 자신의 신성에 대해 계속해서 밝히고 계시지만, 칼빈주의자들은 『**자기가 원하는 자들을 살리느니라**』라는 말씀에 또 한 번 걸려 넘어진다. 그런데 이 말씀의 대상은 그들이 말하는 "구원받기로 정해진 자들"이 아니라, "그를 믿는 사람은 누구든지"이다(요 3:16). 결국 21절에서 『**자기가 원하는 자**』들이란 "**아들을 믿는 자**"들을 말씀하신다(요 3:36). 24절에서도 『**내 말**』을 듣고, 『**나를 보내신 분**』을 믿는 자는 영생을 얻고, 정죄에 이르지 않으며, 사망에서 생명으로 옮겨진다는 사실을 거듭 강조하심으로써 영생을 주시는 하나님의 아들로서의 신성을 나타내고 계신다. 『**그 아들이 있는 자는 생명이 있고 하나님의 아들이 없는 자는 생명이 없느니라**』(요일 5:12).

■ 새롭게 깨달았거나 적용할 내용이 있다면 적어 보세요. ■

2. 심판의 권세를 가지신 "하나님의 아들"

『선을 행한 자는 생명의 부활로, 악을 행한 자는 저주의 부활로 나오리라. 나는 아무것도 스스로 할 수 없노라. 나는 듣는 대로 심판하노라. 또 나의 심판이 의로운 것은 내가 나의 뜻을 구하지 아니하고 나를 보내신 아버지의 뜻을 구하기 때문이라』(29,30절).

하나님은 공의로우신 분이시기에 그의 심판 또한 공의롭다(단 4:37). 그러므로 아버지의 뜻에 따라 행하시는 "아들의 심판" 역시나 의로울 수밖에 없다. 그래서 특별 사면이나 보석금 따위로 심판을 변경하는 일은 있을 수 없다. 초림 때 예수 그리스도께서는 갈보리 십자가에서 죄인들에게 베풀 수 있는 사랑과 은혜와 자비를 아낌없이 쏟아 놓으셨다. 이제는 주님의 재림과 함께 온 땅을 의로 심판하실 날만 남겨 놓으신 상태이다.

"생명의 부활과 저주의 부활"

교회시대에 구원받지 못하고 죽은 죄인들 뿐 아니라, "믿음으로 구원받은 성도들"을 제외한 모든 시대의 행위로 구원받은 성도들이 큰 백보좌 앞에서 심판을 받게 된다(계 20:11,12). 이때가 바로 『**무덤들 속에 있는 모든 자들이 그의 음성을 들을 때**』(28절)이다. 그 심판의 기준은 "믿음"이 아니라, 선이나 악을 행하는 "행위"이다. "생명의 부활"은 "첫 번째 부활"(계 20:6)로 ❶ 구약 성도들(마 27:50-52), ❷ 교회시대 성도들(살전 4:16,17), ❸ 대환란 성도들(계 7:14), ❹ 천년왕국 성도들에게 적용되는 부활이다. 하지만 본문에서는 "믿음으로 구원받은 신약성도를 제외한 모든 시대에 행위로 구원받은 성도들"에게 적용되는 것으로, 이들은 심판의 형벌이 아니라 상을 받으러 그 자리로 나온다(계 11:18). 반면에 "악을 행한 자"(구원받지 못한 모든 죄인)들은 멸망시키는 심판을 받기 위해 부활하므로 "저주의 부활"일 수밖에 없다.

"예수 그리스도의 신성"에 관한 증거들

사람들 사이의 증언에 있어서도 하나님께서는 "두 세 증인"으로 입증되어야 함을 언급하셨다(마 18:16, 고후 13:1, 딤전 5:19). 그렇다면 자신에 관하여 직접 증거하신 예수 그리스도의 증거는 어떻게 되는가? 그 증거는 완전하다. 그 이유는 그분이 하나님이시기 때문이다. 그럼에도 주님은 요한복음 5:33-39에 이르기까지 자신의 신성에 관한 여러 증인들을 인용하고 계신다. 먼저 ❶ "침례인 요한"의 증거(33-35절, 요 1:29,34)와 ❷ 주께서 "완수하신 일들"이 증거하고 있음을 말씀하신다(36절, 마 11:5,6). 무엇보다 가장 큰 증거는 ❸ "아버지께서 친히 하시는 증거"이다(37절, 마 3:17; 17:5). 끝으로 ❹ 예수 그리스도에 관한 증거가 넘쳐나는 "성경"을 말씀하시면서, "그 성경이 주님에 관하여 증거하고 있음"을 밝히고 계신다(39절, 사 53장).

"믿지 않는 자들"을 향한 책망

『너희 우매한 자들아, 언제까지 너희가 우매함을 사랑하겠으며, 조롱하는 자들이 조롱하기를 즐기며, 어리석은 자들이 지식을 미워하겠느냐? 나의 책망을 듣고 돌이키라』(잠 1:22,23).

1. 생명을 얻으려고 내게 오지 않는다(40절).

이스라엘은 생명을 얻으려고 주님께로 오기를 원치 않았다. 다시 말해 그들은 "성경에 영생이 있음"을 알기는 알았지만(39절), 그 생명을 얻고자 주님께로 나아가기를 원치 않았다는 것이 문제였다. 하나님께서 원하시는 것은 『**모든 사람이 구원을 받고 진리의 지식에 이르**』는 것이다(딤전 2:4). 그런데도 현대의 종교인들은 "생명의 빵"이신 주님께로 나오는 것이 아니라, 당시 이스라엘처럼 학문이나 종교적 열성을 통해 주님께 나아가려고 했다. 이런 자세로는 제 아무리 성경을 열심히 배우더라도 진리의 지식에는 결코 이를 수 없다(딤후 3:7).

2. 하나님의 영광을 구하지 않는다(41,44절).

생명을 얻으려고 주님께로 나오지 않는 자들이 과연 하나님으로부터 오는 영광은 구하러 오겠느냐는 것이 질문의 요지다(44절). 그들은 사람의 영광을 하나님의 영광보다 더 사랑하기 때문에 그런 것이다(요 12:43). "영광을 받다"라는 말은 "인정"이나 "칭찬"을 받는다는 뜻인데, 사람들은 다른 누군가로부터 늘 인정을 받고 칭찬을 받기를 원한다. 하지만 『**생명의 하나님**』(시 42:8)이시며, 『**영광의 하나님**』(시 29:3)이신 분께로부터 오는 영원한 인정과 칭찬에 대해서는 전혀 무관심하다는 것을 지적하고 계신다. 『**이제 그들은 썩어질 면류관을 받으려 하지만 우리는 썩지 않을 면류관을 받고자 함이라**』(고전 9:25).

3. 하나님을 사랑함이 없다(42절).

하나님께서는 마음속에 일어나는 일들을 그 사람보다 더 정확히 알고 계신다. 『**주께서는 모든 마음을 살피시고 생각의 모든 상상을 아시나니**』(대상 28:9). 그런 "전지하신 하나님의 속성"을 『**내가 너희를 아노니**』(42절)라는 말로 일축하시면서, "그들 안에 하나님을 사랑함이 없음"을 지적하고 계신다. 경건의 모양을 가진 종교인일지라도, 마음을 살피시는 하나님을 절대 속일 수는 없다(갈 6:7).

4. "예수 그리스도"가 아닌 "다른 자"를 영접할 것이다(43절).

아버지의 이름으로 오신 "하나님의 아들"을 영접하지 않으면, "자기 이름으로 오는 다른 자"를 영접하게 될 것을 경고하신다. 이 다른 자가 바로 "적그리스도"요, "유다 이스카리옷"으로, 예수께서 "멸망의 아들"이라 부른 자다(요 17:12, 살후 2:3,4 cf. 계 계 11:1-3, 17:8). 그가 나타나는 날에 진리의 사랑을 받아들이지 않음으로써 구원을 받지 못한 자들에게 "강력한 미혹"이 있을 것이다. **『이로 인하여 하나님께서 그들에게 강력한 미혹을 보내시어 거짓말을 믿게 하심은 진리를 믿지 않고 불의를 좋아하는 모든 자로 심판을 받게 하려 하심이라**』(살후 2:11,12).

5. 하나님의 말씀을 믿지 않는다(45-47절).

유대인들이 모세를 통해 기록해 놓으신 말씀들을 믿었다면, 그들은 예수 그리스도를 믿었을 것이다. 왜냐하면 그 성경이 "그 분에 관하여 증거"하고 있기 때문이다(39절). 주님은 그러한 자들을 향해 "어리석은 자"라 책망하셨다. 『**오 어리석은 자들아, 선지자들이 말한 모든 것을 마음에 더디 믿는 자들아**』(눅 24:25, cf.). 뿐만 아니라 『**자기 마음에 말하기를 "하나님은 없다"**』(시 14:1)하는 자도 여기에 속한다. 『**사람이 존귀에 처해 있어도 깨닫지 못하면 멸망하는 짐승들과 같도다**』(시 49:20).

■ 새롭게 깨달았거나 적용할 내용이 있다면 적어 보세요. ■

NOTES

<추 천 도 서>

요한복음

피터 S. 럭크만 지음 / 712쪽

30,000원(e-Book 14,900원)

본서는 말 그대로 예수 그리스도의 복음을 담고 있는 책으로 교회 시대의 성도들에게 영적 진리를 풍성하게 제공해 주고 있다.

하나님의 나라와 천국

피터 S. 럭크만 지음 / 280쪽

12,000원(eBook 4,900원)

본서는 천국(Kingdom of Heaven)과 하나님의 나라(Kingdom of God)를 구분하여 정확하게 알려준다.

조직신학

피터 S. 럭크만 지음 / 1,040쪽

50,000원

본서는 철저하게 〈킹제임스성경〉에 기반을 두고 하나님께서 정하신 성경적인 해석 방법에 따라 바른 신학을 집대성한 책으로 모든 성경 연구의 기준이 되는 교리서다.

영적 삶의 새로운 시작

이송오 목사 지음 / 104쪽

4,000원(eBook 2,800원)

이 책은 갓 거듭난 그리스도인들이 하나님의 말씀을 통해 건전한 교리로 양육받고 성장할 수 있게 도와주는 영적 삶의 지침서이다.

솔로몬 성경공부 시리즈

요한복음

제1권 세상 죄를 제거하는 하나님의 어린양(1-5장)

초판1쇄 2023년 8월 11일
초판2쇄 2023년 9월 1일
지 은 이 / 편 집 부
발 행 인 / 박 승 용
발 행 처 / 말씀보존학회
출판등록 / 1988. 12. 12. 제16-223호
주 소 / 서울 강서우체국 사서함 제90호
전 화 / (02) 2665 - 3743
팩 스 / (02) 2665 - 3302
인 터 넷 / www.biblemaster.co.kr

잘못된 책은 바꿔 드립니다.

값 10,000 원